EXERCICES
de Grammaire et d'Orthographe,

PRÉPARÉS

par Mlles Harmand,

POUR LES ÉLÈVES DE LEUR PENSIONNAT.

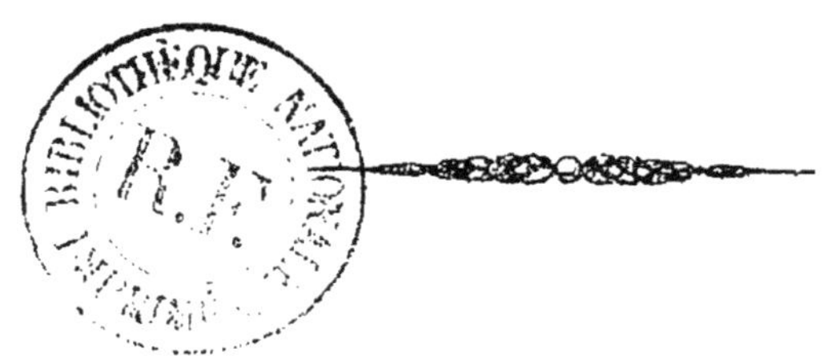

BAR-SUR-ORNAIN.
1849.

TYPOGRAPHIE DE Mme LAGUERRE, RUE ROUSSEAU, 18,
à Bar-sur-Ornain.

Tous les exemplaires doivent être revêtus de notre signature.

P. M. J. Hermann

Avertissement.

En faisant imprimer des exercices d'orthographe et d'analyse destinés à nos élèves seulement, nous n'avons point la prétention de publier un traité de Grammaire.

Depuis dix-sept ans, nous suivons, pour l'enseignement de la Grammaire, la méthode de M. Dupont, ancien chef d'institution à Paris ; nous avons travaillé à compléter, à perfectionner cette méthode, qui a pour but de développer l'intelligence des enfants, et de les instruire sans les fatiguer.

Les exercices d'orthographe ne sont que l'application de nos leçons orales ; le grand nombre de noms, d'adjectifs, de verbes qui s'y trouve, et dont nous expliquons, ou faisons expliquer la signification par nos élèves, leur fait connaître une foule de mots qu'elles peuvent employer ensuite.

Les exercices d'analyse, gradués d'après les difficultés, ne présentent d'abord que des mots, des propositions, des phrases faciles à comprendre ; à mesure que les élèves avancent, leur jugement se forme, leur instruction s'étend, alors nous nous servons de termes, de constructions moins simples ; nous rappelons, en quelques endroits, des faits appris dans les cours de Géographie, d'Histoire, etc.

Nos élèves appliquent dans ces exercices presque toutes les règles de la Grammaire ; elles s'habituent à la construction, à l'enchaînement des mots, des propositions; et, comme chacune d'elles doit, dès les leçons les plus élémentaires, donner, soit oralement, soit par écrit, des phrases analogues à celles des différents chapitres, leur style se forme facilement et devient net et précis.

PREMIÈRES LEÇONS
D'ORTHOGRAPHE.

On marque le pluriel dans les noms en ajoutant une S.

Ex. Un chat. Des chats.
Un banc. Des bancs.

Rôti, robe, calice, mode, rose, salade, carafe, badine, visite, vase, tisane, curé, saline, navire, malice, vanité, ramage, savate, farine, jubilé, tête, fête, racine, visage, légume, carême, rêve, fêve, girafe, docilité, cerise, bobine, numéro, marine, jujube, morale, nature, vipère, député, devise, bêtise, capucine, timidité, filature, table, bâton, livre, mouton, carton, lacet, jasmin, cordon, prune, glace, place, serin, sabot, plan, frère, roi, prince, jardin, fer, lettre, toile, laine, carte, devoir, lit, soldat, jour, marron, vol, col, baron, prénom, salut, centime, botte, précipice, loi.

Cri, larme, broderie, plante, boule, chanson, vin, bride, or, bouton, blé, sapin, barbe, poupée, semaine, matin, terre, patin, main, verdure, porte, bain, bourse, mémoire, singe, grimace, peine, crême, fontaine, maladie, melon, pépin, vacance, gerbe, moulin, cidre, confiture, bonté, volet, taupe, promenade, écriture, cheminée, poule, copie, fable, poudre, corset, monde, poire, talon, nègre, forêt, reine, soupir, flamme, carton, pomme, soupe, sauce, pompe, dindon, violon, piano, viande, laitière, sel, salière, pièce, façon, balcon, garçon, maçon, soupçon, leçon, glaçon, limaçon, rançon, retour, soin, grâce, nuit, four, cuivre, gaîté.

Drap, fruit, voiture, personne, parent, portrait, rat, lion, buffet, pierre, bœuf, veuf, clocher, lièvre, balai, loup, renard, rue, pied, bouquet, miroir, gant, banc, rang, fille, couronne, duc, marché, cahier, grappe, cep, propriété, prairie, sœur, laboureur, vêtement, bienfait, service, paquet, bec, marmotte, famille, bâtiment, logement, agrément, appartement, gouvernement, regret, pigeon, bourgeon, flageolet, bague, digue, dogue, drogue, gourmandise, langue, guirlande, vengeance, gilet, gerbe, figue, guide, guenille, bougie, baguette, figure, voyage, béquille, papillon, postillon, meule, quenouille, perroquet.

Serpent, manière, grammaire, bruit, accent, plainte, doigt, course, hareng, souhait, évêque, enseigne, chemin, chien, montagne, vigne, cachet, fabrique, brochet, pêche, chandelle, mouche, cheminée, chienne, chiffon, cahier, chenille, phrase, chaudron, charbon, géographie, rossignol, chocolat, méchanceté, chaleur, musique, cachette, branche, châtaigne, oignon, chanson, nonchalance, moucheron, niche, signature, seigneur, lorgnon, fourchette, franchise, vengeance, orthographe, bibliothèque, collégien, pharmacien, dortoir, magasin, compagnon, tambour, jambon, temple, lampe, rempart, chambre, jambe, framboise, nombre, concombre.

Membre, distance, tempête, rampe, peinture, trompette, rosier, grenier, peuplier, prunier, amandier, collier, fermier, bottier, sucrier, panier, portier, serviteur, soulier, tablier, jardinier, noyer, voiturier, tonnelier, poirier, laurier, grenadier, menuisier, chapelier, serrurier, mûrier, charretier, vitrier, tapissier, coutelier, colombier, papier, créancier, chevalier, sablier, huissier, moitié, pitié, maison, saison, dessert, désert, demoiselle, poisson, poison, fraise, raison, coussin, cousin, boisson, rasoir, chaise, caisse, cassette, chemise, politesse, princesse, blessure, bécasse, croisée, pâtissier, tasse, plaisir, faisan, gazon, tristesse, maîtresse, arrosoir, paysan, pâtre, raison, moisson, moissonneur, paresse, noisette, chasse, mousse, paroisse.

Lionne, contrée, femme, cortége, solfége, liége, sacrilége, sortilége, privilége, manége, collége, piége, siége, plomb, pièce, franc, soupir, dent, galerie, passage, bouillon, grain, crayon, citoyen, baptême, soir, déjeûner, soucoupe, oreiller, pantoufle, nuage, douillette, marchand, bonheur, malheur, mouchoir, soirée, nid, bergerie, tour, violette, parfum, brouillard, faute, confidence, joie, soie, chagrin, récompense, réponse, calomnie, mensonge, bonnet, pension, retour, détour, sagesse, désolation, raquette, village, ville, punition, ceinture, dévoûment, magistrat, préfet, siècle, balai, fantaisie, fournaise, peigne, cierge, plaie, raie, taie, corset, souhait, bracelet, libraire, locataire, sauvage, cimetière, tonnerre, charrette, précaution, chaussure, faubourg, sauce, saucisse, clocher.

Port, ressort, fleuve, marché, plancher, rocher, verger, vallée, convoi, branche, gendre, pensée, ruban, torrent, balance, danse, différence, patience, semence, simplicité, singe, province, concert, manchon, bouchon, grimace, terrasse, paillasse, nièce, pièce, caresse, sacrifice, nourrice, carcasse, force, source, lendemain, plafond, serviette, cervelle, sergent, servante, lessive, citron, sermon, serment, convulsion, protection, cabriolet, quartier, qualité, quantité, sac, marque, perruque, chrétien, question, chef, nappe, martyr, fourrure, vendangeoir, bougeoir, bassin, réfectoire, gazette, combat, orgeat, scélérat, profit, billard, vieillard, rempart, goutte, cuiller, rayon, moyen, bannière, poulet, tailleur, pendule, cuisine, biscuit, pensionnaire, vertu.

Orage, orge, été, hanneton, hiver, habit, hareng, hospice, encrier, épi, ongle, éléphant, acajou, argent, échaudé, étage, empereur, architecte, escalier, œillet, aliment, éteignoir, entonnoir, atelier, étrier, espion, haricot, insecte, homme, horloger, artiste, élève, arbre, écureuil, aigle, oranger, aubergiste, artichaut, éperon, ami, ennemi, abricot, étui, acteur, arrosoir, ouvrage, exercice, emprunt, écrivain, accident, enfant, emploi, embarras, abbé, intérêt, officier, échelon, esprit, agrément, affront, empire, espace, orphelin, évêque, oncle, outil, avocat, essai, artifice, éclair, encensoir, hommage, automne, appartement, épicier, article, alphabet, amour, avantage, amadou, onguent, éclair, évangile, emplâtre, incendie, intervalle, échafaud, ulcère, organe.

Auberge, aile, estampe, opinion, amitié, intention, écorce, entorse, aventure, égratignure, haleine, harpe, horloge, huître, huile, hauteur, hirondelle, histoire, hache, haie, habitude, harmonie, humidité, amande, amende, église, asperge, oie, écharpe, allumette, éponge, emplette, aiguille, odeur, assiette, écaille, olive, oreille, alouette, abeille, étincelle, image, estampe, araignée, échalote, école, anguille, ambition, ombre, anse, action, arithmétique, application, obligation, enrouement, assise, affection, écrevisse, armoire, expression, ouverture, aventure, alize, armée, opinion, protection, opération, enseigne, enveloppe, oraison, épaule, arête, orthographe, autorité, aubépine, alcôve, antichambre, énigme, épigraphe, estafette, offre, épître.

Pâte, patte, mère, mer, maire, pair, paire, père, hôtel, autel, hôte, hotte, tante, tente, capitale, capital, pain, pin, ver, vers, verre, compte, conte, comte, signe, cygne, fouet, fois, foi, foie, lait, lé, mur, mûre, poix, poids, pois, chair, chère, chaire, cire, sire, point, poing, saule, sol, sole, cœur, chœur, balle, bal, cor, corps, cors, malle, mal, faim, fin, chêne, chaîne, cour, cours, lieu, lieue, dessin, dessein, voie, voix, mort, maure, mors, sens, sang, sel, selle, gaze, gaz, dé, dais, datte, date, cou, coup, cotte, côte, claie, clé, cène, scène, thé, taie, thon, ton, taon, vis, vice.

Les noms qui finissent au singulier par S, X, Z, ne changent pas au pluriel.

Ex.	Un laquais.	Des laquais.
	Un nez.	Des nez.

Fils, croix, noix, repas, bras, palais, tapis, commis, mois, matelas, poids, poix, pois, repas, tas, pas, corps, temps, discours, secours, cours, tamis, marquis, villageois, embarras, crucifix, bourgeois, procès, radis, verjus, accès, bois, riz, cyprès, souris, puits, marais, univers, gaz, perdrix, compas, héros, dos, procès, pays, anis, anchois, hachis, cadenas, enclos, brebis, remords, hautbois, toux, repos, taillis, époux, buis, prix, refus, progrès, mérinos, logis, coutelas, engrais, cabas, os, harnais, bas, taffetas, ours, chamois, verglas, ananas, chenevis, printemps, lilas, maïs, chaux, envers, châssis, parvis, mets, lis, lavis, jus, refus, houx, grès, galetas, frimas, coulis, carquois, biais, atlas, as, mépris, phénix, repos, amas, vernis.

Les noms qui finissent au singulier par AU **ou par** EU **finissent au pluriel par** X.

Ex. Un gâteau.	Des gâteaux.
Un cheveu.	Des cheveux.

Vaisseau, plateau, bateau, tombeau, manteau, pruneau, tableau, oiseau, moineau, veau, bandeau, rateau, rameau, peau, hameau, traîneau, chameau, lionceau, perdreau, château, carpeau, carreau, caveau, monceau, boisseau, bedeau, naseau, trousseau, anneau, vanneau, tonneau, lambeau, rondeau, tombereau, coteau, poteau, lapereau, louveteau, museau, liteau, fuseau, copeau, couteau, rouleau, bureau, cadeau, niveau, souriceau, sureau, bouleau, ciseau, poireau, passereau, fardeau, pinceau, marteau, ruisseau, corbeau, arbrisseau, roseau, plumeau, chapeau, drapeau, agneau, pigeonneau, maquereau, berceau, écheveau, caveau, écriteau, fourreau, peau, cordeau, chevreau, aloyau, boyau, étau, gluau, gruau, hoyau, joyau, noyau, sarrau, tuyau.

Cheveu, dieu, adieu, neveu, jeu, feu, aveu, lieu, vœu, milieu, pieu, enjeu, hébreu, désaveu, essieu.

RÉCAPITULATION.

Badine, baguette, terrasse, rondeau, fardeau, pioche, pigeonneau, balançoire, pompe, villageois, tortue, juge, aveu, cordeau, rouleau, trompe, propos, toux, préfecture, dindonneau, fourneau, pruneau, somme, courroux, gravure, minute, cadre, copeau, troupeau, nombre, concours, ouverture, biais, boue, bourg, tourtereau, triomphe, statue, panais, germe, départ, boutique, terreau, dindon, flacon, édredon, ferme, braise, cervelas, châle, vermisseau, dragon, buste, paix, cirage, chalumeau, bulletin, trousseau, berceau, multiplication, échasse, courage, cabinet, bureau, râteau, distraction, luxe, chute, envers, canif, cage, cerveau, écriteau, écheveau, précaution, cyprès, couvent, chasselas, abus, réseau, décision, excès, breuvage, tracas, adieu, avis, ananas, almanach, blaireau, affiche, aquarelle, calendrier.

Les noms qui finissent au singulier par AL **finissent au pluriel par** AUX, **excepté** : BAL, CARNAVAL, RÉGAL, CHACAL, **qui font au pluriel** BALS, CARNAVALS, RÉGALS, CHACALS.

Ex. Un cheval.	Des chevaux.
Un mal.	Des maux.

Canal, animal, végétal, minéral, caporal, journal, signal, maréchal, général, hôpital, provincial, total, bocal, cristal, capital, métal, rival, local, égal, cordial, fanal, arsenal, cardinal, original, confessionnal, amiral, vassal, commensal, provençal, étal, oriental, rival, madrigal, méridional, tribunal.

Les noms qui finissent au singulier par AIL, **finissent au pluriel par** AILS, **excepté**: TRAVAIL, ÉMAIL, BAIL, SOUPIRAIL, CORAIL, **qui font au pluriel** TRAVAUX, ÉMAUX, BAUX, SOUPIRAUX, CORAUX. AIL **fait** AULX, OEIL **fait** YEUX, **excepté dans** OEILS-DE-BOEUF ; CIEL **fait** CIEUX, **excepté dans** CIELS **de lit et** CIELS **en peinture.**

AÏEUL *fait* AÏEUX, *lorsqu'il se dit de ceux qui ont*

vécu dans les siècles passés, et AÏEULS *quand il signifie* GRAND-PÈRE OU GRAND'MÈRE.

Camail, éventail, gouvernail, attirail, détail, épouvantail, portail.

Les noms en OU **prennent une** S **au pluriel, excepté** : BIJOU, CAILLOU, CHOU, GENOU, HIBOU, JOUJOU, **qui prennent une** X.

Ex. Un cou. Des cous.
Un sou. Des sous.

Bambou, licou, coucou, amadou, fou, acajou, sapajou, clou, filou, écrou, verrou, trou.

Les noms terminés par EUR **ne prennent pas d'**E **a** , **excepté**: DEMEURE, HEURE **et** BEURRE.

Faveur, fraîcheur, blancheur, tiédeur, laideur, candeur, grandeur, profondeur, rondeur, odeur, froideur, rigueur, langueur, longueur, largeur, chaleur, pâleur, valeur, fleur, couleur, douleur, humeur, vapeur, liqueur, erreur, terreur, horreur, fureur, sœur, épaisseur, douceur, noirceur, équateur, lenteur, pesanteur, hauteur, saveur, vigueur.

Tous les noms masculins de la série suivante se terminent par une L **et les noms féminins par** LLE.

Bouteille, futaille, feuille, groseille, corbeille, treille, volaille, paille, tenaille, maille, accueil, miel, deuil, médaille, limaille, chevreuil, cercueil, bercail, bataille, muraille, orteil, oseille, semaille, tilleul, veille, bouvreuil, caille, détail, camail, cerfeuil, seuil, orgueil, attirail, blocaille, écaille, taille, écureuil, trouvaille, pluviel, abeille, merveille, oreille, corneille, conseil, réveil, sommeil, soleil, ombrelle, querelle, duel, mirabelle, chandelle, hôtel, semelle, écuelle, bagatelle, dentelle, manuel, pelle, bretelle, nacelle, colonel, flanelle, tonnelle, ficelle, ruelle, cervelle, archipel, sel, échelle, hirondelle, demoiselle, chapelle, truelle, nouvelle.

On met une lettre majuscule au commencement des phrases et des noms propres. Exemple : PARIS, LOUIS, FRANCE.

Les noms propres ne prennent ordinairement pas la marque du pluriel.

RÉCAPITULATION.

Cafetière, caillou, camail, carreau, académie, Charles, alcôve, animal, vacance, jeu, avis, barricade, bijou, bénitier, asperge, ange, agneau, régal, croix, journal, tableau, Eugénie, neveu, hôpital, caveau, béquille, liége, légume, moëlle, règle, monnaie, craie, rentrée, cuillerée, allée, matinée, poignée, bonté, volonté, salle, beauté, député, clarté, quantité, vanité, fierté, malle, humilité, vitrage, Elisa, hermitage, commerçant, eau, égal, ruban, cuirasse, curiosité, lancier, cachot, oncle, cadeau, besace, crampe, emplâtre, cruauté, Edouard, bijoutier, bloc, fou, loup, bande, rougeur, activité, sommeil, métier, gigot, rentier, travail, ancre, encre, pensionnat, vaisselle, sorcier, ballot, ail, œil, prunelle, fourrage, assassinat, gardien, dattier, mérinos, baquet, regret, orteil, soupirail, rat, moyen, cafetier, crémaillère, Marie, aigle, plumeau, corail, odorat, soutien, Léonie, choix, peur, honneur, bail, nez, grain, brasier, confession, rigueur, ballon, oiseau, rivage, exil, lin, menuisier, dos, mal, cabas, linge, père, esclavage, péril, lapin, oreiller, chaux, malheur, vœu, idée, Félix, laitage, fausseté, mannequin, enclos, ressort, Paris, cou, respect.

Noms de personnes et d'animaux qui ont une forme pour chaque genre.

Musicien, musicienne, voisin, voisine, cousin, cousine, marchand, marchande, italien, italienne, français, française, espagnol, espagnole, anglais, anglaise, danois, danoise, oncle, tante, neveu, nièce, homme, femme, paysan, paysanne, villageois, villageoise, fils, fille, père, mère, maître, maîtresse, orphelin, orpheline, hôte, hôtesse, comte, comtesse, duc, duchesse, serviteur, servante, roi, reine, prince, princesse, gouverneur, gouvernante, parrain, marraine, filleul, filleule, gendre, bru, compère, commère, baron, baronne, époux, épouse, frère, sœur, lion, lionne, chat, chatte, coq, poule, bélier, brebis, chien, chienne, bouc, chèvre, tigre, tigresse, canard, cane, ambassadeur, ambassadrice.

Les noms masculins qui se terminent par ER **ont le féminin en** ÈRE.

Ouvrier, ouvrière, héritier, héritière, jardinier, jardinière, fermier, fermière, écolier, écolière, berger, bergère, boulanger, boulangère.

Les noms masculins terminés en TEUR **et qui ne viennent pas d'un verbe par le changement de** ANT **en** EUR, **ont leur féminin terminé par** TRICE.

Acteur, triomphateur, calomniateur, protecteur, dénonciateur, consolateur, libérateur, créateur, admirateur, adorateur, narrateur, spectateur, imitateur, improvisateur, lecteur, destructeur, moniteur, calculateur, délateur, traducteur.

Les noms qui viennent d'un participe présent par le changement de ANT **en** EUR, **ont leur féminin en** EUSE.

Parleur, faucheur, fondeur, chercheur, payeur, brodeur, nageur, voyageur, coiffeur, boudeur, dormeur, parfumeur, glaneur, moissonneur, empoisonneur, rôtisseur, danseur, valseur, trompeur.

NOTA. *Exécuteur, inspecteur, persécuteur, débiteur, pécheur, vengeur, enchanteur*, font au féminin *exécutrice, inspectrice, persécutrice, débitrice, pécheresse, vengeresse, enchanteresse.*

DÉTERMINATIFS.

Les déterminatifs s'écrivent au même genre et au même nombre que les noms qu'ils déterminent.

ARTICLE.

Masculin singulier.	*Féminin singulier.*
Le, du, au.	La.

Pluriel pour les deux genres.
Les, des, aux.

Les mots LE LA **s'écrivent** L' **quand ils sont suivis immédiatement d'un mot commençant par une voyelle ou une** H **muette.**

Ex. L'homme. L'abbé. L'heureux père. L'écharpe. L'héritière. L'élégante parure.

ADJECTIFS NUMÉRAUX.

Un, une, deux, trois, quatre, cinq, six, sept, huit, neuf, dix, onze, douze, treize, quatorze, quinze, seize, dix-sept, dix-huit, dix-neuf, vingt, vingt et un, vingt-deux, vingt-trois, trente, trente et un, quarante, quarante et un, cinquante, cinquante et un, soixante, soixante et un, soixante et dix, soixante-onze, quatre-vingts, quatre-vingt-un, quatre-vingt-dix, quatre-vingt-onze, cent, mille, un million, un billion.

ADJECTIFS POSSESSIFS.

Masc. sing.	*Fém. sing.*	*Plur. des deux genres.*
Mon.	Ma.	Mes.
Ton.	Ta.	Tes.
Son.	Sa.	Ses.
Notre.	Notre.	Nos.
Votre.	Votre.	Vos.
Leur.	Leur.	Leurs.

On emploie aussi mon, ton, son, avant un mot féminin qui commence par une voyelle ou une H *muette.* Ex. Mon ignorance. Ton humeur. Son infâme conduite.

ADJECTIFS DÉMONSTRATIFS.

Masc. sing.	*Fém. sing.*	*Plur. des deux genres.*
Ce.	Cette.	Ces.
Cet.		

On emploie CET *avant un mot masculin singulier qui commence par une voyelle ou une* H *muette.*

Ex. Cet examen. Cet horrible spectacle.

ADJECTIFS INDÉFINIS.

Masc. sing.		*Fém. sing.*	
Quel.	Tout.	Quelle.	Toute.
Tel.	Nul.	Telle.	Nulle.
Certain.	Chaque.	Certaine.	Chaque.
Quelque.	Aucun.	Quelque.	Aucune.

Masc. pl.		*Fém. pl.*	
Quels.	Tels.	Quelles.	Telles.
Certains.	Tous.	Certaines.	Toutes.
Quelques.	Plusieurs.	Quelques.	Plusieurs.

ADJECTIFS QUALIFICATIFS.

Les adjectifs qualificatifs s'accordent en genre et en nombre avec les noms qu'ils qualifient.

On marque le pluriel dans les Adjectifs comme dans les Noms.

Tous les adjectifs féminins singuliers finissent par un E muet. Tous les adjectifs féminins pluriels finissent par un E muet et une S.

On forme ordinairement le féminin dans un adjectif en ajoutant un E muet au masculin.

Ex. Un récit exact. Une relation exacte.
Un discours sensé. Une personne sensée.

Orphelin, rond, étroit, court, grand, pourri, mauvais, petit, négligé, joli, vilain, poli, laid, gai, noir, bleu, ingrat, instruit, vrai, choisi, soumis, sain, saint, vain, blond, lourd, voisin, clair, brun, lointain, profond, chéri, permis, écrit, ouvert, bossu, chaud, étourdi, distrait, plein, divin, humain, vert, fin, niais, cru, dur, ras, délicat, froid, infect, superflu, fort, nu, sûr, mûr, rond, bavard, pur, hardi, gris, pervers, abject, direct, brut, certain, parfait, dévot, commun, suspect, correct, républicain, nain, mondain, diocésain, africain, américain, proscrit, enclin, masculin, mutin, succinct, distinct, banni, uni, terni, aigri, idiot.

Méchant, charmant, complaisant, obligeant, vigilant, bienfaisant, brillant, puissant, ignorant, friand, gourmand, arrogant, savant, bruyant, prévenant, élégant intrigant, fatigant, extravagant, exigeant, engageant, affligeant, changeant, confiant, mortifiant, édifiant, ambulant, imposant, prévoyant, mordant, abondant, vacant, tranchant, indépendant, triomphant, étouffant, effrayant, ennuyant, méfiant, conciliant, humiliant, bienveillant, tremblant, sanglant, récalcitrant, repentant, satisfaisant, agonisant, imposant, offensant, languissant, nonchalant, surprenant, gênant, agaçant, intéressant, important.

Excellent, négligent, turbulent, indolent, indigent, lent, violent, opulent, conséquent, fréquent, patient, innocent, ardent, exempt, évident succulent, impatient, impertinent, éloquent, impudent, diligent, intelligent, indulgent, urgent, insolent, éminent, permanent, transparent, apparent, absent, décent, récent, convalescent, adolescent, pénitent, mécontent, présent, impotent, fervent, imminent, civil, vil, puéril, subtil, majeur, mineur, meilleur, antérieur, intérieur, extérieur, postérieur, ultérieur, inférieur, supérieur.

Libéral, brutal, final, égal, loyal, spécial, national, général, matinal, vocal, glacial, original, méridional, septentrional, oriental, occidental, royal, moral, banal, numéral, frugal, naval, fondamental, pontifical, amical, grammatical, vertical, musical, patriarcal, ducal, légal, filial, impérial, provincial, original, infernal, principal, latéral, oval, pastoral, rural, fatal, natal, végétal, minéral, animal, impartial, illégal, aigu, contigu, exigu, ambigu, léger, fier, amer, premier, cher, régulier, entier, familier, guerrier, tracassier, dernier, carnassier, mensonger, passager, ménager, altier, journalier, printannier, nourricier.

Remarque. Les Adj. terminés au masc. par GU ont au féminin un tréma sur l'E muet. Ex. Une douleur *aiguë*. Les Adj. terminés au masc. par ER, ont au féminin un accent grave sur l'E qui précède l'R. Ex. Une faute *légère*.

Les adjectifs terminés au masculin par un E muet ne changent pas au féminin.

Ex. Un devoir facile. Une leçon facile.
Un aveu sincère. Une amitié sincère.

Superbe, sale, large, aimable, affable, énorme, jeune, agréable, immense, aveugle, avide, honnête, fidèle, rouge, sage, pauvre, maigre, riche, triste, malade, sombre, visible, faible, solide, aride, limpide, nuisible, illisible, supportable, noble, grave, trouble, robuste, leste, souple, brave, jaune, rouge, rose, timide, prodigue, avare, double, simple, tiède, salutaire, nécessaire, solitaire, propre, aigre, téméraire, ample, modeste, barbare, bizarre, pauvre, perfide, tendre, sage, paisible, bègue, vorace, bleuâtre, verdâtre, opiniâtre, idolâtre, folâtre, célèbre, funèbre, centenaire, octogénaire, septuagénaire, sexagénaire, tranquille, habile, agile, débile, utile, fragile, fébrile, stérile, fertile, mobile, futile, facile, docile, difficile.

Commun, obscur, imaginaire, sanguinaire, confus, imprévu, pectoral, capital, burlesque, pittoresque, nécessaire, poitrinaire, extraordinaire, débonnaire, millionnaire, pulmonaire, funéraire, littéraire, volontaire, tributaire, trivial, partial, glacial, ferme, subalterne, grotesque, terrestre, modeste, vagabond, furibond, céleste, pénible, convexe, proverbial, sépulcral, diabolique, infernal, inflexible, incompréhensible, susceptible, imperceptible, irrégulier, difforme, crochu, absolu, diffus, inculte, robuste, illustre, pyramidal, idéal, paralytique, hérétique, chiche, avare, bavard, rigide, humide, parricide, fratricide, liquide, insolvable, monarchique, géographique, conforme, uniforme, morose, incommode.

Les adjectifs terminés au masculin par F, **finissent au féminin par** VE.

Ex. Un ouvrier actif.	Une ouvrière active.
Un son bref.	Une voyelle brève.

Neuf, attentif, craintif, vif, rétif, veuf, plaintif, juif, maladif, massif, progressif, expressif, excessif, possessif, offensif, défensif, pensif, hâtif, approbatif, explicatif, récréatif, relatif, impératif, instructif, chétif, actif, persuasif, attentif, vindicatif, tardif, captif, fugitif, passif, répressif, oppressif, successif, répulsif, convulsif, expansif, rébarbatif, indicatif, communicatif, négatif, interrogatif, natif, lucratif, admiratif, méditatif, inactif, productif, instructif, expéditif, fugitif, définitif, modificatif, justificatif, positif, attentif, craintif, captif, adoptif, descriptif, furtif, consécutif, persuasif, décisif, imitatif, inactif.

Les Adjectifs terminés au masculin par X, **finissent au féminin par** SE.

Ex. Un succès prodigieux.	Une facilité prodigieuse.
Un air sérieux.	Une parole sérieuse.

Paresseux, soigneux, boiteux, heureux, généreux, envieux, dangereux, orgueilleux, laborieux, respectueux, précieux, honteux, vertueux, courageux, jaloux, dédaigneux, fâcheux, ombrageux, mousseux, hargneux, rocailleux, merveilleux, scandaleux, frileux, épineux, envieux, nombreux, creux, poudreux, généreux, affreux, douloureux, désastreux, odieux, religieux, délicieux, curieux, glorieux, sérieux, gracieux, pluvieux, studieux, hideux, montagneux, scrupuleux, poissonneux, belliqueux, impérieux, affectueux, goutteux, rigoureux, contagieux, industrieux, harmonieux, malicieux, minutieux, audacieux, pluvieux, joyeux, précieux, mystérieux, fameux, pieux, vigoureux, merveilleux, noueux, avantageux, fabuleux, haineux, audacieux, fougueux, fangeux, périlleux, soucieux, mielleux.

Tors, ingénu, adverbial, initial, déterminatif, affirmatif, magnifique, tragique, limpide, stupide, moëlleux, huileux, nébuleux, miraculeux, populeux, venimeux, vénéneux, laineux, ferrugineux, morose, grandiose, lumineux, volumineux, épineux, farineux, matineux, ruineux, oblique, évangélique, soupçonneux, cotonneux, grossier, législatif, exclamatif, boueux, pompeux, ténébreux, doucereux, pierreux, chaleureux, valeureux, peureux, désireux, ligneux, apostolique, héroïque, fanatique, présomptif, exclusif, désastreux, sulfureux, aventureux, irrésistible, économe, fiévreux, pâteux, souffreteux, calamiteux, vaniteux, nécessiteux, raboteux, douteux, coûteux, monstrueux, affectueux, défectueux, infructueux.

Les adjectifs terminés au masculin par EL, EIL, IEN, ET, ON, doublent au féminin la dernière consonne et prennent un E muet.

Ex. L'amour maternel, — La tendresse maternelle.
Un dessin ancien, — Une étoffe ancienne.

Cruel, habituel, naturel, pareil, vermeil, réel, véniel, matériel, mortel, pluriel, mignon, bon, bouffon, ancien, païen, breton, saxon, artificiel, essentiel, solennel, originel, criminel, fraternel, maternel, paternel, éternel, temporel, fripon, chrétien, autrichien, quotidien, moyen, mitoyen, muet, coquet, naturel, universel, accidentel, annuel, actuel, perpétuel, habituel, spirituel, mutuel, corporel, fluet, net, musicien, prussien, européen, violet, aigrelet, sujet, formel, continuel, mutuel, correctionnel, industriel, universel, perpétuel, superficiel, matériel, ministériel, officiel, confidentiel, partiel, conditionnel, proportionnel, luthérien, constitutionnel, surnaturel, accidentel, immortel, graduel, individuel, manuel, continuel.

Les Adjectifs suivants forment leur féminin d'une manière irrégulière.

Blanc,	blanche.	Frais,	fraîche.
Franc,	franche.	Long,	longue.
Sec,	sèche.	Oblong,	oblongue.
Caduc,	caduque.	Bénin,	bénigne.
Turc,	turque.	Malin,	maligne.
Public,	publique.	Jumeau,	jumelle.
Grec,	grecque.	Beau,	belle.
Nouveau,	nouvelle.	Préfix,	préfixe.
Fou,	folle.	Bas,	basse.
Mou,	molle.	Las,	lasse.
Nul,	nulle.	Epais,	épaisse.
Gentil,	gentille.	Exprès,	expresse.
Sot,	sotte.	Gras,	grasse.
Vieillot,	vieillotte.	Gros,	grosse.
Bellot,	bellotte.	Paysan,	paysanne.
Faux,	fausse.	Complet,	complète.
Roux,	rousse.	Concret,	concrète.
Doux,	douce.	Discret,	discrète.
Vieux,	vieille.	Inquiet,	inquiète.

Tiers,	tierce.	Replet,	replète.
Favori,	favorite.	Secret,	secrète.
Coi,	coite.	Indiscret,	indiscrète.
Traître,	traîtresse.		

Les Adjectifs BEAU, NOUVEAU, FOU, MOU, VIEUX, *se remplacent par* BÉL, NOUVEL, FOL, MOL, VIEIL, *quand ils sont suivis d'une voyelle ou d'une* H *muette.*

Un bel homme. Le mol édredon. Le nouvel an. Un vieil ami.

RÉCAPITULATION.

Austère, fade, impétueux, tumultueux, frais, caduc, langoureux, exquis, éloquent, prêt, ancien, inquiet, coquet, faux, antique, avide, infernal, doux, sec, plaisant, mobile, engourdi, civil, crépu, importun, humble, obscur, menu, puéril, ridicule, efficace, malin, chauve, frivole, discret, grec, présomptueux, ennuyeux, soyeux, blême, irréligieux, ignominieux, gentil, malin, indiscret, faux, annuel, triomphal, splendide, sobre, incomplet, languissant, infini, inégal, ivre, féroce, invincible, sévère, familier, superflu, favori, contraire, muet, harmonieux, inadmissible, impie, désert, impotent, irrégulier, primitif, vil, indispensable, douteux, hypocrite, influent, parcimonieux, calomnieux, spacieux.

Serein, caduc, civil, fluet, incertain, meilleur, las, ras, absurde, inégal, infructueux, inhabile, ingénu, contigu, intrigant, disgracieux, pernicieux, invraisemblable, involontaire, irascible, inintelligible, épais, doux, tiers, irréprochable, jovial, extrême, maussade, maladif, épais, mesquin, lisse, frauduleux, nocturne, forestier, huileux, métallique, insalubre, insuffisant, lâche, latin, gratuit, médisant, mélancolique, méritoire, grec, nerveux, neutre, minutieux, frêle, net, maladif, vague, pacifique, périlleux, contraire, local, évident, savoureux, prompt, auguste, comparatif, élémentaire, clément, historique, vieux, énergique, sonore, incommode, probe, provisoire, usuel, ponctuel, nutritif, parisien, mensuel, hebdomadaire.

ADVERBES.

Les adverbes sont invariables.

Très, mal, aussi, ainsi, mieux, extrêmement, péniblement, beaucoup, fort, plus, assez, bien, maintenant, moins, trop, presque, tôt, autrefois, aussitôt, toujours, rarement, auparavant, d'abord, aujourd'hui, bientôt, tard, quelquefois, désormais, tantôt, ensuite, demain, hier, avant-hier, souvent, jamais, dorénavant, encore, ici, où, ailleurs, partout, là, loin, jadis, ensemble, ensuite, si, davantage, peu, alors, enfin, gratis, guère, naguère, parfois, volontiers.

Beaucoup d'adverbes dérivent des adjectifs; on les forme en ajoutant MENT *à l'adjectif masculin, quand il finit par une voyelle.* Ex.: Poli, poliment. *Si l'adj. masc. finit par une consonne, on forme l'adverbe avec l'adjectif féminin.* Ex. : Vif, vive, vivement; mortel, mortelle, mortellement. Gentil fait gentiment.

Quand l'adverbe est formé d'un adjectif terminé par ENT **ou** ANT; **on le forme en changeant** ENT **en** EMMENT, **ou** ANT **en** AMMENT. **Ex.: élégant, élégamment; imprudent, imprudemment.**

ADJECTIFS A CHANGER EN ADVERBES.

Sensé, poli, arrogant, conséquent, vertueux, charitable, long, chétif, posé, fréquent, constant, léger, fier,

vrai, insolent, complet, malin, cruel, fol, ancien, coquet, avide, généreux, puissant, bruyant, constant, soigneux, nouvel, exact, sourd, brutal, patient, profond, brillant, complaisant, innocent, aveugle, sec, savant, bas, énorme, régulier, faux, frais, secret, vrai, honteux, vif, lourd, public, précieux, loyal, discret, actif, sain, habituel, antérieur, saint, doux, récent, fréquent, négligent, indépendant, méchant, succinct, abondant, nonchalant.

VERBE.

Les verbes se divisent en deux classes ou *conjugaisons* qui se distinguent par la terminaison du présent de l'infinitif.

La première conjugaison a le présent de l'infinitif terminé en *er* comme *chanter*, *aimer*, *parler*, etc.

La seconde conjugaison comprend toutes les autres terminaisons du présent de l'infinitif qui sont *ir*, *oir* et *re* comme *finir*, *partir*, *prévoir*, *pourvoir*, *vendre*, *lire*, etc., etc.

PREMIÈRE CONJUGAISON.

Mode Infinitif.

TEMPS PRÉSENT.

Chant*er*.

TEMPS PARTICIPE PRÉSENT.

Chant*ant*.

TEMPS PARTICIPE PASSÉ.

Chant*é*.

Mode Indicatif.

TEMPS PRÉSENT.

Maintenant,
Je chant*e*.
Tu chant*es*.
Il chant*e*.
Nous chant*ons*.
Vous chant*ez*.
Ils chant*ent*.

TEMPS IMPARFAIT.

Quand vous êtes entré,
Je chant*ais*.
Tu chant*ais*.
Il chant*ait*.
Nous chant*ions*.
Vous chant*iez*.
Ils chant*aient*.

TEMPS PASSÉ DÉFINI.

Hier, la semaine passée,
Je chant*ai*.
Tu chant*as*.
Il chant*a*.
Nous chant*âmes*.
Vous chant*âtes*.
Ils chant*èrent*.

TEMPS FUTUR.

Demain, la semaine prochaine,
Je chant*erai*.
Tu chant*eras*.
Il chant*era*.
Nous chant*erons*.
Vous chant*erez*.
Il chant*eront*.

Mode Conditionnel.

TEMPS PRÉSENT OU FUTUR.

Si je pouvais,
Je chant*erais*.
Tu chant*erais*.
Il chant*erait*.
Nous chant*erions*.
Vous chant*eriez*.
Ils chant*eraient*.

Mode Impératif.

TEMPS PRÉSENT OU FUTUR.

Chant*e*.
Chant*ons*.
Chant*ez*.

Mode Subjonctif.

TEMPS PRÉSENT OU FUTUR.

On veut, il faut
Que je chant*e*.
Que tu chant*es*.
Qu'il chant*e*.
Que nous chant*ions*.
Que vous chant*iez*.
Qu'ils chant*ent*.

TEMPS IMPARFAIT.

On voulait, il fallait,
Que je chant*asse*.
Que tu chant*asses*.
Qu'il chant*ât*.
Que nous chant*assions*.
Que vous chant*assiez*.
Qu'ils chant*assent*.

Conjuguer, c'est écrire ou réciter un verbe à tous les modes, à tous les temps et à toutes les personnes.

Il y a, dans un verbe, deux parties bien distinctes : le *radical* et la *finale* ou *terminaison*.

Le *radical* est la première partie du verbe ; il est composé des lettres qui ne varient point, ou varient peu dans toute l'étendue du verbe.

La *finale* est la dernière partie du verbe ; elle indique, par ses variations, à quel mode, à quel temps, à quelle personne, et à quel nombre le verbe est employé.

Pour trouver le radical des verbes de la première conjugaison, il suffit de retrancher ER du présent de l'infinitif.

Ainsi le radical de chanter est *chant;* de monter est *mont;* de plier est *pli;* etc.

Pour conjuguer un verbe de la première conjugaison, il faut placer le radical avant les terminaisons de chaque mode, de chaque temps, de chaque personne et de chaque nombre.

FINALES INVARIABLES DE LA PREMIÈRE CONJUGAISON.

Mode Infinitif.

TEMPS PRÉSENT.

er.

TEMPS PARTICIPE PRÉSENT.

ant.

TEMPS PARTICIPE PASSÉ.

é.

Mode Indicatif.

TEMPS PRÉSENT.

Maintenant

Je	*e.*
Tu	*es.*
Il	*e.*
Nous	*ons.*
Vous	*ez.*
Ils	*ent.*

TEMPS IMPARFAIT.

Quand vous êtes entré

Je	*ais.*
Tu	*ais.*
Il	*ait.*
Nous	*ions.*
Vous	*iez.*
Ils	*aient.*

TEMPS PASSÉ DÉFINI.

Hier, la semaine passée,

Je	*ai.*
Tu	*as.*
Il	*a.*
Nous	*âmes.*
Vous	*âtes.*
Ils	*èrent.*

TEMPS FUTUR.

Demain, la semaine prochaine

Je	*erai.*
Tu	*eras.*
Il	*era.*
Nous	*erons.*
Vous	*erez.*
Ils	*eront.*

Mode Conditionnel.

TEMPS PRÉSENT OU FUTUR.

Si je pouvais

Je	*erais.*
Tu	*erais.*
Il	*erait.*
Nous	*erions.*
Vous	*eriez.*
Ils	*eraient.*

Mode Impératif.

TEMPS PRÉSENT OU FUTUR.

e.

ons.

ez.

Mode Subjonctif.

TEMPS PRÉSENT OU FUTUR.

On veut, il faut

Que je	*e.*
Que tu	*es.*
Qu'il	*e.*
Que nous	*ions.*
Que vous	*iez.*
Qu'ils	*ent.*

TEMPS IMPARFAIT.

On voulait, il fallait

Que je	*asse.*
Que tu	*asses.*
Qu'il	*ât.*
Que nous	*assions.*
Que vous	*assiez.*
Qu'ils	*assent.*

Cacher, tousser, bouder, penser, travailler, crier, saluer, remuer, fatiguer, prier, jouer, expliquer, nouer, prodiguer, louer, lier, plier, mendier, peigner, ordonner, habiller, allumer, hésiter, concilier, aiguiser, accuser, refuser, mépriser, calculer, déguiser, restituer, exciter, trouver, aider, augmenter, diminuer, humilier, tranquilliser; persécuter, attrister, persister, exécuter, discuter, prétexter, subsister, exister, apporter, plaisanter, consoler, déserter, excepter, habiter, sculpter, citer, prêter, fréquenter, traverser, respecter, consacrer, rembourser, gesticuler, améliorer, implorer, vouer, avouer, dessiner, éveiller, fusiller, sommeiller, effeuiller, empailler, mouiller, conseiller, tortiller.

Tailler, regretter, distinguer, quereller, agenouiller, piller, enterrer, scier, égaler, batailler, signaler, congédier, glorifier, rassasier, expédier, naviguer, exceller, seller, détailler, filer, détériorer, circuler, élaguer, sceller, babiller, gaspiller, exiler, calomnier, récompenser, charrier, colorier, balbutier, dédier, expédier, endetter, associer, asphyxier, multiplier, négocier, contrarier, divulguer, serrer, expirer, déshabiller, effectuer, destituer, prouver, demander, éternuer, contribuer, habituer, quêter, quitter, souhaiter, arrêter, éclairer, inspirer, errer, honorer, adorer, désirer, demeurer, déterrer, gratifier, remanier, remédier, mortifier, rectifier, exproprier, licencier, pallier, négocier, châtier, recenser, encenser, etc., etc.

MODES.

Il y a cinq modes ou manières d'exprimer ce que l'on fait, ou ce que l'on peut faire. Ces modes sont le mode INFINITIF, le mode INDICATIF, le mode CONDITIONNEL, le mode IMPÉRATIF, le mode SUBJONCTIF.

PERSONNES.

Les verbes ont trois personnes qui sont indiquées par le sujet du verbe. Si le sujet est un pronom de la première personne, le verbe est à la première personne ; si le sujet est un pronom de la deuxième personne, le verbe est à la deuxième personne ; si le sujet est un pronom de la troisième personne ou un nom, le verbe est à la troisième personne.

NOMBRES.

Il y a, dans le verbe, deux nombres : le SINGULIER et le PLURIEL.

Lorsque le sujet d'un verbe est au singulier, ce verbe est aussi au singulier; si le sujet est au pluriel, le verbe est au pluriel.

Quand le verbe a pour sujet un infinitif, il se met à la troisième personne du singulier.

Quand le verbe a pour sujet plusieurs noms du singulier, il se met à la troisième personne du pluriel.

REMARQUES SUR LES VERBES DE LA PREMIÈRE CONJUGAISON.

Les verbes terminés au présent de l'infinitif par CER **prennent une cédille sous le** C **toutes les fois que la finale commence par un** A **ou par un** O.

Ex. Avancer.	Avançant.	Avançons.
Tracer.	Je traçai.	Nous traçons.

Bercer, placer, pincer, forcer, lancer, prononcer, menacer, annoncer, lacer, effacer, commencer, ensemencer, glacer, enfoncer, influencer, percer, renoncer, balancer, commercer, exercer, efforcer, sucer, exaucer, acquiescer, agacer, tracer, nuancer, devancer, dénoncer, prononcer, froncer, saucer, écorcer, etc., etc.

Dans les verbes terminés au présent de l'infinitif par GER, **on met un** E **muet après le** G **lorsque la finale commence par un** A **ou par un** O.

Ex. Manger.	Mang*eant*.	Nous mang*eons*.
Nager.	Nag*eant*.	Je nag*eai*.

Loger, ranger, ménager, plonger, songer, forger, arranger, affliger, allonger, interroger, ronger, voyager, soulager, changer, corriger, juger, ravager, venger, diriger, exiger, négliger, héberger, adjuger, dédommager, ombrager, encourager, saccager, outrager, présager, obliger, déménager, engager, surnager, propager, naufrager; infliger, rédiger, voltiger, transiger, vendanger, prolonger, allonger, bouger, mélanger, déranger, égruger, surcharger, etc., etc.

Dans les verbes terminés au présent de l'infinitif par YER, **on change l'**Y **en** I **lorsque la finale commence par un** E **muet.**

Ex. : Essayer.	J'essay*ais*.	J'essai*e*.
Tutoyer.	Tutoy*ant*.	Nous tutoi*erons*.

Bégayer, balayer, côtoyer, déblayer, coudoyer, défrayer, délayer, déployer, effrayer, employer, ennuyer, essayer, essuyer, nettoyer, noyer, grasseyer, octroyer, rayer, plancheyer, rudoyer, tutoyer, égayer, relayer, payer, appuyer, aboyer, larmoyer, guerroyer, fossoyer, étayer, enrayer, ondoyer, soudoyer, charroyer, foudroyer, apitoyer, remblayer, relayer, désennuyer, etc., etc.

Dans les verbes terminés au présent de l'infinitif par ELER **ou par** ETER, **on double** L **ou** T **lorsque la finale commence par un** E **muet** (1.)

Ex. : App*eler*. Appel*ant*. J'appell*e*.
Ach*eter*. J'achet*ais*. J'achett*erai*.

Cacheter, becqueter, atteler, ciseler, crocheter, décacheter, amonceler, bourreler, empaqueter, épousseter, ensorceler, épeler, étiqueter, feuilleter, carreler, chanceler, fureter, jeter, étinceler, projeter, rejeter, ficeler, harceler, souffleter, niveler, peler, déchiqueter, rappeler, renouveler, ressemeler, grommeler, ruisseler, râteler, dételer, écarteler, marteler, museler, tacheter, moucheter, interjeter, surjeter, colleter, caqueter, parqueter, rapiéceter, breveter, etc., etc.

Dans les verbes qui ont un É **fermé à l'avant-dernière syllabe du présent de l'infinitif, on change** É **fermé en** È **ouvert lorsque la finale commence par un** E **muet.**

Ex. : Révéler. Je révél*ai*. Il révèl*era*.
Céder. Nous céd*ons*. Elles cèd*ent*.

Sécher, révérer, dégénérer, végéter, s'inquiéter, répéter, empiéter, compléter, accélérer, exagérer, opérer,

(1) Cette observation n'est pas applicable aux verbes qui sont terminés par *éter, éter, éler, êler*, ainsi on dira je RÉVÈLE, je RÉPÈTE, je MÊLE, je QUÊTERAI, etc.

insérer, modérer, préférer, gérer, tolérer, espérer, récupérer, incarcérer, altérer, réitérer, révérer, différer, persévérer, délibérer, suggérer, tempérer, considérer, recéler, proférer, transférer, pénétrer, décéler, excéder, posséder, succéder, précéder, intercéder, interpréter, déléguer, léguer, alléguer, reléguer, pécher, ébrécher, dessécher, accéder, obséder, décéder, concéder, procéder, coopérer, régler, réintégrer, tempérer, lacérer, exaspérer, pénétrer, etc., etc.

EXCEPTION. *Les verbes terminés au présent de l'infinitif par* ÉGER *ou par* ÉER *conservent toujours l'accent aigu*. Ex. : *j'*ABRÉGE, *il* AGRÉERAIT, etc.

Créer, agréer, protéger, assiéger, suppléer, récréer, alléger, agréger, abréger, siéger.

Dans les verbes qui ont un E muet à l'avant-dernière syllabe du présent de l'infinitif, on change E muet en È ouvert quand la finale commence par un E muet.

Ex. : Amener.	Il amen*ait*.	J'amèn*erai*.
Semer.	Sem*ant*.	Tu amèn*es*.

Promener, lever, relever, emmener, peser, mener, égrener, démener, engrener, enlever, prélever, etc., etc.

SECONDE CONJUGAISON.

Mode Infinitif.

TEMPS PRÉSENT.

Fini*r*.

PARTICIPE PRÉSENT.

Finiss*ant*.

PARTICIPE PASSÉ.

Fini.

Mode Indicatif.

TEMPS PRÉSENT.

Maintenant

Je fini*s*.

Tu fini*s*.

Il fini*t*.

Nous finiss*ons*.

Vous finiss*ez*.

Ils finiss*ent*.

TEMPS IMPARFAIT.

Quand vous êtes entré,

Je finiss*ais*.

Tu finiss*ais*.

Il finiss*ait*.

Nous finiss*ions*.

Vous finiss*iez*.

Ils finiss*aient*.

TEMPS PASSÉ DÉFINI.

Hier, la semaine passée,

Je finis.
Tu finis.
Il finit.
Nous finîmes.
Vous finîtes.
Ils finirent.

TEMPS FUTUR.

Demain, la semaine prochaine,

Je finirai.
Tu finiras.
Il finira.
Nous finirons.
Vous finirez.
Ils finiront.

Mode Conditionnel.

TEMPS PRÉSENT OU FUTUR.

Si je pouvais,

Je finirais.
Tu finirais.
Il finirait.
Nous finirions
Vous finiriez.
Ils finiraient.

Mode Impératif.

TEMPS PRÉSENT OU FUTUR.

Finis.
Finissons.
Finissez.

Mode Subjonctif.

TEMPS PRÉSENT OU FUTUR.

On veut, il faut

Que je finisse.
Que tu finisses.
Qu'il finisse.
Que nous finissions.
Que vous finissiez.
Qu'ils finissent.

TEMPS IMPARFAIT.

On voulait, il fallait

Que je finisse.
Que tu finisses.
Qu'il finît.
Que nous finissions.
Que vous finissiez.
Qu'ils finissent.

FORMATION DES TEMPS.

Les *temps* d'un verbe se divisent en temps *primitifs* et en temps *dérivés*.

Les *temps primitifs* sont ceux qui servent à former d'autres temps. Les *temps dérivés* sont ceux qui sont formés des temps primitifs.

Il y a cinq temps primitifs qui sont : *le présent de l'infinitif, le participe présent, le participe passé, le présent de l'indicatif et le passé défini.*

On trouve le radical d'un temps dirivé en supprimant la finale du temps primitif.

Mode Infinitif.

TEMPS PRÉSENT.

Écri*re*.

Du présent de l'infinitif on forme le futur et le conditionnel. Le radical est *écri*.

TEMPS FUTUR.

Demain, la semaine prochaine,
J'écri*rai*.
Tu écri*ras*.
Il écri*ra*.
Nous écri*rons*.
Vous écri*rez*.
Ils écri*ront*.

Mode Conditionnel.

TEMPS PRÉSENT OU FUTUR.

Si je pouvais,
J'écri*rais*.
Tu écri*rais*.
Il écri*rait*.
Nous écri*rions*.
Vous écri*riez*.
Ils écri*raient*.

PARTICIPE PRÉSENT.

Écriv*ant*.

Du participe présent on forme les trois personnes du pluriel du présent de l'indicatif, l'imparfait de l'indicatif et le présent du subjonctif. Le radical est *écriv*.

Mode Indicatif.

TEMPS PRÉSENT.

Maintenant
Nous écriv*ons*.
Vous écriv*ez*.
Ils écriv*ent*.

TEMPS IMPARFAIT.

Quand vous êtes entré,
J'écriv*ais*.
Tu écriv*ais*.
Il écriv*ait*.
Nous écriv*ions*.
Vous écriv*iez*.
Ils écriv*aient*.

Mode Subjonctif.

TEMPS PRÉSENT OU FUTUR.

On veut, il faut
Que j'écriv*e*.
Que tu écriv*es*.
Qu'il écriv*e*.
Que nous écriv*ions*.
Que vous écriv*iez*.
Qu'ils écriv*ent*.

TEMPS PARTICIPE PASSÉ.

Écrit.

Du participe passé on forme tous les temps composés.

Mode Indicatif.

TEMPS PRÉSENT.

Maintenant
J'écri*s*.
Tu écri*s*.
Il écri*t*.
Nous écriv*ons*.
Vous écriv*ez*.
Ils écriv*ent*.

Du présent de l'indicatif on forme l'impératif en supprimant les pronoms.

Mode Impératif.

TEMPS PRÉSENT OU FUTUR.

Écri*s*.
Écriv*ons*.
Écriv*ez*.

TEMPS PASSÉ DÉFINI.

Hier, la semaine passée
J'écrivi*s*.
Tu écrivi*s*.
Il écrivi*t*.
Nous écrivî*mes*.
Vous écrivî*tes*.
Ils écrivi*rent*.

Du passé défini on forme l'imparfait du subjonctif ; le radical est *écrivi*.

Mode Subjonctif.

TEMPS IMPARFAIT.

On voulait, il fallait
Que j'écrivi*sse*.
Que tu écrivi*sses*.
Qu'il écrivî*t*.
Que nous écrivi*ssions*.
Que vous écrivi*ssiez*.
Qu'ils écrivi*ssent*.

FINALES INVARIABLES DE LA SECONDE CONJUGAISON.

Mode Infinitif.

TEMPS PRÉSENT.

r ou *re*.

PARTICIPE PRÉSENT.

ant.

PARTICIPE PASSÉ.

....

Mode Indicatif.

TEMPS PRÉSENT.

Maintenant

Je	*s*.
Tu	*s*.
Il	*t* ou *d*.
Nous	*ons*.
Vous	*ez*.
Ils	*ent*.

TEMPS IMPARFAIT.

Quand vous êtes entré,

Je	*ais*.
Tu	*ais*.
Il	*ait*.
Nous	*ions*
Vous	*iez*.
Ils	*aient*.

TEMPS PASSÉ DÉFINI.

Hier, la semaine passée

Je	*s*.
Tu	*s*.
Il	*t*.
Nous	*^mes*.
Vous	*^tes*.
Ils	*rent*.

TEMPS FUTUR.

Demain, la semaine prochaine,

Je	*rai*.
Tu	*ras*.
Il	*ra*.
Nous	*rons*.
Vous	*rez*.
Ils	*ront*.

Mode Conditionnel.

TEMPS PRÉSENT OU FUTUR.

Si je pouvais,

Je	*rais*.
Tu	*rais*.
Il	*rait*.
Nous	*rions*.
Vous	*riez*.
Ils	*raient*

Mode Impératif.

TEMPS PRÉSENT OU FUTUR.

s.
ons.
ez.

Mode Subjonctif.

TEMPS PRÉSENT OU FUTUR.

On veut, il faut

Que je	*e*.
Que tu	*es*.
Qu'il	*e*.
Que nous	*ions*.
Que vous	*iez*.
Qu'ils	*ent*.

TEMPS IMPARFAIT.

On voulait, il fallait
Que je *sse.*
Que tu *sses.*
Qu'il *'t*
Que nous *ssions.*
Que vous *ssiez.*
Qu'ils *ssent.*

TEMPS PRIMITIFS DES VERBES DE LA SECONDE CONJUGAISON.

PRÉSENT DE L'INFINITIF.	PARTICIPE PRÉSENT.	PARTICIPE PASSÉ.	PRÉSENT DE L'INDICATIF.	PASSÉ DÉFINI.
Batt*re*	Batt*ant*	Battu	Je bat*s*	Je batti*s*.
Condui*re*	Conduis*ant*	Conduit	Je condui*s*	Je conduisi*s*.
Conclu*re*	Conclu*ant*	Conclu	Je conclu*s*	Je conclu*s*.
Confi*re*	Confis*ant*	Confit	Je confi*s*	Je confi*s*.
Connaît*re*	Connaiss*ant*	Connu	Je connai*s*	Je connu*s*.
Contredi*re*	Contredis*ant*	Contredit	Je contredi*s*	Je contredi*s*.
Craind*re*	Craign*ant*	Craint	Je crain*s*	Je craigni*s*.
Coud*re*	Cous*ant*	Cousu	Je coud*s*	Je cousi*s*.
Croi*re*	Croy*ant*	Cru	Je croi*s*	Je cru*s*.
Croît*re*	Croiss*ant*	Crû	Je croi*s*	Je cru*s*.
Dormi*r*	Dorm*ant*	Dormi	Je dor*s*	Je dormi*s*.
Écri*re*	Écriv*ant*	Écrit	J'écri*s*	J'écrivi*s*.
Fond*re*	Fond*ant*	Fondu	Je fond*s*	Je fondi*s*.
Fui*r*	Fuy*ant*	Fui	Je fui*s*	Je fui*s*.
Haï*r*	Haïss*ant*	Haï	Je hai*s*	Je haï*s*.
Joind*re*	Joign*ant*	Joint	Je join*s*	Je joigni*s*.
Li*re*	Lis*ant*	Lu	Je li*s*	Je lu*s*.
Maudi*re*	Maudiss*ant*	Maudit	Je maudi*s*	Je maudi*s*.
Menti*r*	Ment*ant*	Menti	Je men*s*	Je menti*s*.
Mett*re*	Mett*ant*	Mis	Je met*s*	Je mi*s*.
Mord*re*	Mord*ant*	Mordu	Je mord*s*	Je mordi*s*.
Moud*re*	Moul*ant*	Moulu	Je moud*s*	Je moulu*s*.
Naît*re*	Naiss*ant*	Né	Je nai*s*	Je naqui*s*.
Nui*re*	Nuis*ant*	Nui	Je nui*s*	Je nuisi*s*.
Parti*r*	Part*ant*	Parti	Je par*s*	Je parti*s*.
Peind*re*	Peign*ant*	Peint	Je pein*s*	Je peigni*s*.
Perd*re*	Perd*ant*	Perdu	Je perd*s*	Je perdi*s*.
Plai*re*	Plais*ant*	Plu	Je plai*s*	Je plu*s*.
Prévoi*r*	Prévoy*ant*	Prévu	Je prévoi*s*	Je prévi*s*.
Pourvoi*r*	Pourvoy*ant*	Pourvu	Je pourvoi*s*	Je pourvu*s*.
Rend*re*	Rend*ant*	Rendu	Je rend*s*	Je rendi*s*.
Répand*re*	Répand*ant*	Répandu	Je répand*s*	Je répandi*s*.
Repenti*r* (se)	Repent*ant* (se)	Repenti	Je me repen*s*	Je me repenti*s*.
Résoud*re*	Résolv*ant*	Résolu	Je résou*s*	Je résolu*s*.
Ri*re*	Ri*ant*	Ri	Je ri*s*	Je ri*s*.
Romp*re*	Romp*ant*	Rompu	Je romp*s*	Je rompi*s*.
Senti*r*	Sent*ant*	Senti	Je sen*s*	Je senti*s*.

Serv*ir*	Serv*ant*	Servi	Je ser*s*	Je servi*s*.
Sort*ir*	Sort*ant*	Sorti	Je sor*s*	Je sorti*s*.
Suffi*re*	Suffis*ant*	Suffi	Je suffi*s*	Je suffi*s*.
Suiv*re*	Suiv*ant*	Suivi	Je sui*s*	Je suivi*s*.
Tai*re*	Tais*ant*	Tu	Je tai*s*	Je tu*s*.
Vainc*re*	Vainqu*ant*	Vaincu	Je vaincs	Je vainqui*s*.
Vêt*ir*	Vêt*ant*	Vêtu	Je vêt*s*	Je vêti*s*.
Viv*re*	Viv*ant*	Vécu	Je vis	Je vécu*s*.

On appelle verbe *dérivé* celui qui est formé d'un autre ; on appelle verbe *primitif* celui qui sert à en former d'autres : ainsi *comprendre* est dérivé de *prendre*, *combattre* est dérivé de *battre*, etc., etc. *Dire* est le verbe primitif de *dédire*, de *médire*, etc.

Des verbes sont *analogues* lorsque leurs temps primitifs ont des radicaux terminés par les mêmes lettres.

Les verbes dérivés se conjuguent comme leurs verbes primitifs. Tous les verbes analogues se conjuguent de la même manière.

PRINCIPAUX DÉRIVÉS ET ANALOGUES DES VERBES.

FINIR. — Bâtir, franchir, fléchir, gémir, blanchir, guérir, saisir, grossir, attendrir, choisir, chérir, garnir, obéir, réussir, nourrir, jouir, adoucir, réfléchir, applaudir, vieillir, etc.

SENTIR. — Consentir, pressentir, ressentir.

SERVIR. — Desservir, asservir.

SORTIR. — Ressortir, assortir.

VÊTIR. — Revêtir, se dévêtir.

FUIR. — S'enfuir.

DORMIR. — Endormir, rendormir.

MENTIR. — Démentir.

PARTIR. — Repartir, se départir.

CONFIRE. — Déconfire.

Conduire. --- Éconduire, reconduire, déduire, enduire, induire, introduire, produire, reproduire, réduire, traduire, construire, détruire, instruire, cuire, recuire, séduire.

Contredire. --- Dédire, interdire, médire, prédire.

Ecrire. --- décrire, inscrire, circonscrire, prescrire, proscrire, récrire, souscrire, transcrire.

Lire. --- Élire, réélire, relire.

Rire. --- Sourire.

Plaire. — Complaire, déplaire.

Craindre. — Contraindre, plaindre.

Mordre. — Démordre, remordre, tordre, détordre et retordre.

Coudre. — Découdre, recoudre.

Joindre. — Oindre, adjoindre, déjoindre, enjoindre, rejoindre, disjoindre.

Fondre. — Confondre, morfondre, refondre, correspondre, répondre.

Perdre. — Reperdre.

Rendre. — Pendre, dépendre, suspendre, tendre, attendre, détendre, entendre, sous-entendre, vendre, prétendre, descendre, défendre, condescendre.

Répandre. — Epandre.

Peindre. — Dépeindre, repeindre, aveindre, étreindre, astreindre, restreindre, enfreindre, ceindre, feindre, teindre, atteindre, éteindre, déteindre, reteindre.

Rompre. — Corrompre, interrompre.

Croître. — Accroître, décroître, recroître.

Connaître — Méconnaître, reconnaître, paraître, apparaître, comparaître, disparaître, reparaître.

Naître. — Renaître.

Vaincre. —Convaincre.

Battre. — Abattre, combattre, débattre, s'ébattre, rebattre, rabattre.

Conclure. — Exclure.

Mettre. — Admettre, soumettre, commettre, compromettre, démettre, émettre, entremettre, omettre, permettre, promettre, remettre, transmettre.

Suivre. — Poursuivre.

Vivre. — Survivre.

REMARQUES SUR LES VERBES DE LA SECONDE CONJUGAISON.

Pour savoir si un verbe doit se terminer au présent de l'infinitif par *ir* ou par *ire*, on regarde le participe présent de ce verbe. Si ce temps se termine par *isant* ou par *ivant*, le présent de l'infinitif aura pour finale *re*. Ainsi *écrire*, *conduire*, *lire*, *dire*, se terminent par *re* parce qu'ils font au participe présent écr*ivant*, condu*isant*, l*isant*, d*isant*; serv*ir*, fin*ir*, sent*ir* se terminent par *r* parce qu'ils font au participe présent servant, finissant, sentant.

Rire, *sourire*, *bruire*, *frire* et *maudire* sont les seuls verbes qui ne suivent point cette règle.

Les verbes qui se terminent au présent de l'infinitif par *dre*, conservent le *d* aux trois personnes du présent de l'indicatif, excepté ceux qui finissent par *indre* ou par *soudre*. Ainsi on doit écrire je rend*s*, tu rend*s*, il rend; je coud*s*, tu coud*s*, elle coud; je répond*s*, tu réponds, il répond; je pein*s*, tu pein*s*, il pein*t*; je résou*s*, tu résou*s*, il résou*t*; je join*s*, tu join*s*, il join*t*; je plain*s*, tu plain*s*, il plain*t*, etc., etc.

Les seuls verbes qui se terminent au présent de l'infinitif par *aindre* sont : *craindre, contraindre* et *plaindre*.

Epandre et *répandre* sont les seuls verbes qui se terminent au présent de l'infinitif par *andre*.

Croire, *boire* et *accroire* sont les seuls verbes qui se terminent au présent de l'infinitif par *oire*.

Les verbes qui sont terminés au participe présent par *yant* changent l'*y* en *i* lorsque la finale commence par un *e* muet : EX. cro*yant*, fu*yant*; que je f*uie*, que tu cro*ies*.

Pour connaître la terminaison d'un participe passé au masculin singulier, on cherche le féminin de ce participe et l'on en supprime l'*e* muet : ainsi *reçu* finit par *u* parce que le féminin est *reçue* ; *instruit* finit par *t* parce que le féminin est *instruite*; *promis* se termine par *s* parce qu'on dit au féminin *promise*.

Les verbes qui sont terminés au présent de l'infinitif par *ître* conservent l'accent circonflexe sur l'*î* lorsque cette lettre est immédiatement suivie d'un *t*. Ainsi on écrit : il connaît, cela accroîtra, tu connaissais, il croissait.

VERBES AUXILIAIRES.

Le verbe *avoir* et le verbe *être* sont appelés *verbes auxiliaires* parce qu'ils servent à conjuguer les temps composés des autres verbes.

Mode Infinitif.

TEMPS PRÉSENT.

Avoir.

TEMPS PARTICIPE PRÉSENT.

Ayant.

PARTICIPE PASSÉ.

Eu.

Mode Indicatif.

TEMPS PRÉSENT.

Maintenant

J'ai.
Tu as.
Il a.
Nous avons.
Vous avez.
Ils ont.

TEMPS IMPARFAIT.

Quand vous êtes entré,

J'avais.
Tu avais.
Il avait.
Nous avions.
Vous aviez.
Ils avaient.

TEMPS PASSÉ DÉFINI.

Hier, la semaine passée,
J'eus.
Tu eus.
Il eut.
Nous eûmes.
Vous eûtes.
Ils eurent.

TEMPS FUTUR.

Demain, la semaine prochaine,
J'aurai.
Tu auras.
Il aura.
Nous aurons.
Vous aurez.
Ils auront.

Mode Conditionnel.

TEMPS PRÉSENT OU FUTUR.

Si je pouvais,
J'aurais.
Tu aurais.
Il aurait.
Nous aurions.
Vous auriez.
Ils auraient.

Mode Impératif.

TEMPS PRÉSENT OU FUTUR.

Aie.
Ayons.
Ayez.

Mode Subjonctif.

TEMPS PRÉSENT OU FUTUR.

On veut, il faut
Que j'aie.
Que tu aies.
Qu'il ait.
Que nous ayons.
Que vous ayez.
Qu'ils aient.

TEMPS IMPARFAIT.

On voulait, il fallait
Que j'eusse.
Que tu eusses.
Qu'il eût.
Que nous eussions.
Que vous eussiez.
Qu'ils eussent.

Mode Infinitif.

TEMPS PRÉSENT.

Être.

PARTICIPE PRÉSENT.

Étant.

PARTICIPE PASSÉ.

Été.

Mode Indicatif.

TEMPS PRÉSENT.

Maintenant,
Je suis.
Tu es.
Il est.
Nous sommes.
Vous êtes.
Ils sont.

TEMPS IMPARFAIT.

Quand vous êtes entré,
J'étais.
Tu étais.
Il était.
Nous étions.
Vous étiez.
Ils étaient.

TEMPS PASSÉ DÉFINI.

Hier, la semaine passée,
Je fus.
Tu fus.
Il fut.
Nous fûmes.
Vous fûtes.
Ils furent.

TEMPS FUTUR.

Demain, la semaine prochaine,
Je serai.
Tu seras.
Il sera.
Nous serons.

Vous serez.
Ils seront.

Mode Conditionnel.

TEMPS PRÉSENT OU FUTUR.

Si je pouvais,
Je serais.
Tu serais.
Il serait.
Nous serions.
Vous seriez.
Ils seraient.

Mode Impératif.

TEMPS PRÉSENT OU FUTUR.

Sois.
Soyons.
Soyez.

Mode Subjonctif.

TEMPS PRÉSENT OU FUTUR.

On veut, il faut
Que je sois.
Que tu sois.
Qu'il soit.
Que nous soyons.
Que vous soyez.
Qu'ils soient.

TEMPS IMPARFAIT.

On voulait, il fallait
Que je fusse.
Que tu fusses.
Qu'il fût.
Que nous fussions.
Que vous fussiez.
Qu'ils fussent.

TEMPS COMPOSÉS.

Le *présent de l'infinitif* du verbe avoir ou du verbe être et un participe passé forment le *temps passé de l'infinitif* : EX. *avoir parlé*, *être venu*, etc.

Le *présent de l'indicatif* du verbe avoir ou du verbe être et un participe passé forment le temps *passé indéfini* : EX. *j'ai parlé*, *il est venu*.

L'*imparfait de l'indicatif* du verbe avoir ou du verbe être et un participe passé forment le temps *plus-que-parfait de l'indicatif*: EX. *tu avais répondu*, *nous étions venus*, etc.

Le *passé défini* du verbe avoir ou du verbe être et un participe passé forment le temps *passé antérieur*: EX. *nous eûmes parlé*, *tu fus venu*.

Le *futur* du verbe avoir ou du verbe être et un participe passé forment le temps *futur passé*: EX. *j'aurai parlé*, *il sera venu*.

Le *présent* du mode conditionnel du verbe avoir ou du

verbe être et un participe passé forment le temps *passé* du mode conditionnel : EX. *j'aurais parlé*, *tu serais venu*.

Le *présent du subjonctif* du verbe avoir ou du verbe être et un participe passé forment le temps *passé du subjonctif :* EX. que j'*aie parlé*, que tu *sois venu*.

L'*imparfait du subjonctif* du verbe avoir ou du verbe être et un participe passé forment le temps *plus-que-parfait du subjonctif* : EX: que vous *eussiez parlé*, qu'*ils fussent venus*, etc.

VERBE PRONOMINAL.

On appelle *verbes pronominaux* les verbes qui se conjuguent avec deux pronoms de la même personne.

Mode Infinitif.

TEMPS PRÉSENT.

Se flatter.

PARTICIPE PRÉSENT.

Se flattant.

PARTICIPE PASSÉ.

Flatté.

Mode Indicatif.

TEMPS PRÉSENT.

Maintenant
Je me flatte.
Tu te flattes.
Il se flatte.
Nous nous flattons.
Vous vous flattez.
Ils se flattent.

TEMPS IMPARFAIT.

Quand vous êtes entré,
Je me flattais.
Tu te flattais.
Il se flattait.
Nous nous flattions.
Vous vous flattiez.
Ils se flattaient.

TEMPS PASSÉ DÉFINI.

Hier, la semaine passée,
Je me flattai.
Tu te flattas.
Il se flatta.
Nous nous flattâmes.
Vous vous flattâtes.
Ils se flattèrent.

TEMPS FUTUR.

Demain, la semaine prochaine,
Je me flatterai.
Tu te flatteras.
Il se flattera.
Nous nous flatterons.
Vous vous flatterez.
Ils se flatteront.

Mode Conditionnel.

TEMPS PRÉSENT OU FUTUR.

Si je pouvais,
Je me flatterais.
Tu te flatterais.

Il se flatterait.
Nous nous flatterions.
Vous vous flatteriez.
Ils se flatteraient.

Mode Impératif.

TEMPS PRÉSENT OU FUTUR.

Flatte-toi.
Flattons-nous.
Flattez-vous.

Mode Subjonctif.

TEMPS PRÉSENT OU FUTUR.

On veut, il faut
Que je me flatte.
Que tu te flattes.
Qu'il se flatte.
Que nous nous flattions.
Que vous vous flattiez.
Qu'ils se flattent.

TEMPS IMPARFAIT.

On voulait, il fallait
Que je me flattasse.
Que tu te flattasses.
Qu'il se flattât.
Que nous nous flattassions.
Que vous vous flattassiez.
Qu'ils se flattassent.

Le verbe *être* sert à former les temps composés de *tous* les verbes pronominaux. Ainsi on dit je me *suis* égaré, ils se *seraient* fâchés, etc.

On appelle verbes *essentiellement pronominaux* ceux qui ne peuvent se conjuguer qu'avec deux pronoms de la même personne, comme *se souvenir, s'emparer, se repentir*, etc. ; car on ne dit pas : *je souviens*, *j'empare*, *je repens*, etc.

VERBE IMPERSONNEL.

On appelle *verbes impersonnels* les verbes qui ne s'emploient qu'à la troisième personne du singulier, et qui ont pour sujet le mot *il*, ne représentant ni une personne ni une chose : EX. *il faut*, *il neigeait*, *il pleuvra*, *il tonne*, etc.

Les verbes impersonnels se conjuguent comme tous les autres verbes de la conjugaison à laquelle ils appartiennent.

Mode Infinitif.

TEMPS PRÉSENT.

Pleuvoir.

PARTICIPE PRÉSENT.

Pleuvant.

PARTICIPE PASSÉ.

Plu.

Mode Indicatif.

TEMPS PRÉSENT.

Maintenant
Il pleut.

TEMPS IMPARFAIT.

Quand vous êtes entré,
Il pleuvait.

TEMPS PASSÉ DÉFINI.

Hier, la semaine passée,
Il plut.

TEMPS FUTUR.

Demain, la semaine prochaine,
Il pleuvra.

Mode Conditionnel.

TEMPS PRÉSENT OU FUTUR.

Il pleuvrait.

Mode Subjonctif.

TEMPS PRÉSENT OU FUTUR.

On veut, il faut
Qu'il pleuve.

TEMPS IMPARFAIT.

On voulait, il fallait
Qu'il plût.

VERBE INTERROGATIF.

Les verbes peuvent se conjuguer interrogativement au mode indicatif et au mode conditionnel.

Mode Indicatif.

TEMPS PRÉSENT.

Maintenant
Chanté-je?
Chantes-tu?
Chante-t-il?
Chantons-nous?
Chantez-vous?
Chantent-ils?

TEMPS IMPARFAIT.

Quand vous êtes entré,
Chantais-je?
Chantais-tu?
Chantait-il?
Chantions-nous?
Chantiez-vous?
Chantaient-ils?

PASSÉ DÉFINI.

Hier, la semaine passée,
Chantai-je?
Chantas-tu?
Chanta-t-il?
Chantâmes-nous?
Chantâtes-vous?
Chantèrent-ils?

PASSÉ INDÉFINI.

Ai-je chanté?
As-tu chanté?
A-t-il chanté?
Avons-nous chanté?
Avez-vous chanté?
Ont-ils chanté?

PASSÉ ANTÉRIEUR.

Eus-je chanté?
Eus-tu chanté?
Eut-il chanté?
Eûmes-nous chanté?
Eûtes-vous chanté?
Eurent-ils chanté?

PLUS-QUE-PARFAIT.

Avais-je chanté?
Avais-tu chanté?
Avait-il chanté?
Avions-nous chanté?
Aviez-vous chanté?
Avaient-ils chanté?

TEMPS FUTUR.

Demain, la semaine prochaine,
Chanterai-je?
Chanteras-tu?

Chantera-t-il ?
Chanterons-nous ?
Chanterez-vous ?
Chanteront-ils ?

FUTUR PASSÉ.

Aurai-je chanté ?
Auras-tu chanté ?
Aura-t-il chanté ?
Aurons-nous chanté ?
Aurez-vous chanté ?
Auront-ils chanté ?

Mode Conditionnel.

TEMPS PRÉSENT OU FUTUR.

Chanterais-je ?
Chanterais-tu ?
Chanterait-il ?
Chanterions-nous ?
Chanteriez-vous ?
Chanteraient-ils ?

TEMPS PASSÉ.

Aurais-je chanté ?
Aurais-tu chanté ?
Aurait-il chanté ?
Aurions-nous chanté ?
Auriez-vous chanté ?
Auraient-ils chanté ?

On dit aussi :

Eussé-je chanté ?
Eusses-tu chanté ?
Eût-il chanté ?
Eussions-nous chanté ?
Eussiez-vous chanté ?
Eussent-ils chanté ?

Il faut remarquer :

1° Que quand la première personne finit par un *e* muet, il faut changer cet *e* muet en *é* fermé. EX. : *Chanté-je ? Eussé-je chanté ?*

2° Que quand la troisième personne du singulier finit par une voyelle, on met, entre le verbe et le sujet, un *t* précédé et suivi d'un trait-d'union. Ex. : ***chantera-t-elle*** ? ***a-t-il parlé*** ? ***terminera-t-on*** ?

3° Qu'on met un trait-d'union entre le verbe et le pronom qui est sujet. Ex. *as-tu* ? *gardiez-vous* ?

ORTHOGRAPHE DU PARTICIPE PASSÉ.

Le participe passé, employé comme adjectif qualificatif, s'accorde en genre et en nombre avec le nom qu'il qualifie.

Ex. : Des champs bien *cultivés*.
Une personne mal *élevée*.

EXERCICE.

Ces animaux longtemps poursuivi — se réfugièrent dans une cabane presque entièrement détruit —.

Nos amis ruiné — cherchèrent un asile chez des personnes favorisé — de la fortune.

Votre sœur si peu instruit — ne paraîtra pas dans cette société choisi. —

Le participe passé accompagné du verbe ÊTRE s'accorde avec le sujet du verbe.

Ex. : Nos soldats furent *vaincus*.
La bataille est *perdue*.
Ses jouets étaient *brisés*.

EXERCICE.

La première croisade fut entrepris — à la fin du onzième siècle.

Ces jeunes filles furent récompensé — de ce léger sacrifice.

Sa piété était généralement admiré —

Les Israélites étaient dirigé — par Moïse.

Votre franchise fut loué — par tout le monde.

Les personnes qui sont venu — chez nous, y ont été bien reçu —.

La dame à laquelle étaient adressé — ces lettres, est parti — depuis plusieurs mois.

Vos frères ont été enchanté — de trouver ici leurs amis.

Si ma mère avait été mieux soigné —, elle aurait été plus promptement rétabli —.

Esther fut choisi — par Assuérus, et élevé — sur le trône à la place de Wasthi.

Les malades furent porté — à l'hospice, et soigné — par le médecin de l'établissement.

Aux pieds de l'enfant étaient couché — deux chiens magnifiques.

Fut-elle frappé — de la frayeur qui était peint — sur mon visage ?

Les bergers auxquels était confié — la garde du troupeau, étaient allé — dans le bois voisin.

Les prisonniers, condamné — à mort, étaient resté — dans leurs cellules.

Le participe passé, accompagné du verbe AVOIR, **ne s'accorde qu'avec son complément direct exprimé avant.**

Ex. : Nous avons *appris* la langue italienne.

La langue italienne que nous avons *apprise*, nous a beaucoup *servi*.

La robe que Jacob avait *donnée* à Joseph, avait *excité* la jalousie de ses autres fils.

Vous nous avez *remerciées*.

EXERCICE.

Vos louanges exagéré — nous ont nui. —

Ces dames ne nous ont pas salué — ; elles ne nous ont pas reconnu —.

Avez-vous étudié — les leçons que je vous ai expliqué —?

Ma mère n'a pas approuvé — les démarches que vous avez fait — ; tout le monde les a blâmé —.

La personne dont vous avez loué — la conduite, nous a toujours plu —.

La victoire que Charles-Martel a remporté — à Poitiers, a sauvé — les Français de la domination des Arabes.

Alors nous avons admiré — la bonté de Dieu de laquelle nous avions douté — un instant.

Les espérances qu'avaient conçu — vos parents, furent bientôt évanoui — .

Les riches banquiers auxquels vous avez demandé —

cette faible somme, vous l'ont refusé —.

Les peines qu'ont enduré — ces pauvres paysans, ont abrégé — leurs jours.

La maladie à laquelle a succombé — cette misérable femme, a été mal jugé — par son médecin.

Que de larmes vous avez versé — ! Que de peines vous avez eu — ! Que de démarches désagréables vous avez fait — !

Les difficultés que nous avons voulu (1) surmonter, nous ont d'abord effrayé — .

La route que tu avais résolu — de suivre, était la meilleure.

Les défauts dont elle aurait dû — se corriger, ont causé — tous ses malheurs.

Les ordres qu'on t'avait dit — d'exécuter, étaient prudents.

Quels vices avez-vous essayé — de réprimer ?

Les volumes qu'elle a commencé — à lire, sont intéressants.

Les deux années que vous avez passé — à étudier, n'ont point été perdu —.

Il a marché — vers les ennemis qu'il a contraint — à se retirer dans leur pays.

Les fleuves que nous avons eu — à traverser, ont retardé — notre arrivée.

Je ne pense jamais sans effroi à la peine que j'ai eu — d'apprendre à lire.

Nous ne vous avons pas rendu — tous les services que nous aurions voulu. — (2)

---

(1) *Voulu* s'écrit au masculin singulier parce qu'il a pour complément direct un infinitif complété, *surmonter que ou les difficultés.* Nous avons voulu quoi ? *surmonter que ou les difficultés.*

(2) *Voulu* doit être au masculin singulier parce que le complément direct est un infinitif sous-entendu. Nous aurions voulu quoi ? *vous rendre que ou les services.*

Vous ne lui avez pas adressé — tous les reproches que vous auriez dû —.

Il a éprouvé — tous les désagréments que vous avez pensé —.

Je lui ai lu — mon épître très-posément, mettant dans ma lecture toute l'expression que j'ai pu — .

Avez-vous eu — pour ce vieillard tous les égards que vous avez dû — ?

Les mathématiques que vous avez désiré (1) que votre fils étudiât, n'ont jamais eu — d'attrait pour lui.

Les démarches que j'avais espéré — que vous feriez, m'auraient été très-utiles.

Tu avais parlé — des succès que tu avais compté — que ton frère obtiendrait.

On a blâmé — la réponse qu'on a su — que vous avez fait — à vos parents.

Mes raisons que j'avais cru — que vous aviez approuvé — me paraissaient plus justes qu'elles ne l'étaient en effet.

Les lettres que j'avais présumé —, que vous aviez reçu —, n'étaient pas encore parties.

L'affaire a été aussi grave que nous l'avions prévu—(2).

Sa mort fut plus douce qu'on ne l'avait pensé — d'abord.

Ces lectures étaient plus dangereuses que je ne l'avais jugé —.

Votre confiance en Dieu fut aussi grande que nous l'avions espéré —.

---

(1) *Désiré* s'écrit au masculin singulier parce que le complément direct est une proposition. Vous avez désiré quoi ? *que votre fils étudiât que ou les mathématiques.*

(2) *Prévu* s'écrit au masculin singulier parce qu'il a pour complément direct *le*, représentant une proposition. Nous avions prévu quoi ? *le ou que l'affaire serait grave.*

Sa vertu était moins pure qu'on ne l'avait cru — jusqu'alors.

La famine suivit les années fertiles, ainsi que Joseph l'avait prédit —.

La famine que Joseph avait prédit —, désola aussi le pays de Chanaan.

Les deux heures que j'ai dormi (1) —, m'ont fait — grand bien.

Les deux heures que j'ai passé — dans mon lit, m'ont fait — grand bien.

Les années qu'il a voyagé —, ont été marqué — par de grands événements.

Les mois que ces souffrances ont duré, — ont été affreux.

Les souffrances qu'elle a enduré — pendant plusieurs mois, sont calmé — maintenant.

Je ne vous ai pas parlé — des nuits que j'ai travaillé — pour vous.

Je ne vous ai pas parlé — des nuits que j'ai employé — à travailler pour vous.

Les dix années que ce prince a régné —, ont été heureuses pour le peuple.

Cette actrice a gagné — vingt mille francs chaque année qu'elle a joué — et chanté — sur notre théâtre.

Il ne vous a pas dit — tous les jours qu'il a pleuré — en secret.

Il ne vous a pas révélé — toutes les fautes qu'il a pleuré — en secret.

---

(1) *Dormi* s'écrit au masculin singulier parce que c'est le participe d'un verbe neutre; la préposition pendant est sous-entendue; j'ai dormi *pendant que* ou deux heures.

Le participe passé de quelques verbes actifs peut être suivi d'un qualificatif employé avec ou sans le verbe ÊTRE; **en ce cas, le participe s'accorde comme si le qualificatif ne se trouvait pas dans la phrase.**

Ex. : Je vous ai enseigné toutes les vérités que j'ai *crues* utiles.

Cette fille avait disparu depuis plusieurs jours; on l'a *trouvée* asphyxiée dans sa chambre.

EXERCICE.

Cette île qu'on avait jugé — très-fertile, ne produit que quelques plantes qu'on a reconnu — très-peu utiles.

Nos amis que vous avez vu — si sages, ont changé — de conduite.

Le lion a la première place parmi les animaux qu'on a appelé — carnassiers.

La maison que vous avez trouvé — si jolie, ne nous a jamais appartenu —.

Quand mon valet a été arrêté, — il portait des vêtements qu'il a déclaré — être les miens.

Le participe passé d'un verbe impersonnel est invariable.

Ex. : Les chaleurs qu'il a *fait* pendant l'été, ont nui aux productions de la terre.

Les erreurs qu'il y a *eu* dans mon travail, m'obligent à le recommencer.

EXERCICE.

Les malheurs qu'il est arrivé — à cette famille, ont affligé — tous les habitants du village.

Les malheurs qui sont arrivé — à cette famille, ont affligé — tous les habitants du village.

Les grands froids qu'il a fait — cet hiver, ont augmenté — la misère de nos ouvriers.

Que de réflexions il m'a fallu -- pour terminer avantageusement cette affaire!

Que de réflexions j'ai fait — avant de terminer avantageusement cette affaire !

Le participe passé, précédé du verbe AVOIR et du pronom EN, ne s'accorde qu'avec un autre pronom, complément direct exprimé avant.

Ex. : Tu as acheté plus de livres que je n'en ai *lu*.

Tu as acheté des livres ; les passages que j'en ai *lus* m'ont déplu.

EXERCICE.

Ces pêches étaient mûres ; nous en avons cueilli — et nous en avons offert — à nos compagnes.

Autant de batailles ce général a livré - , autant il en a gagné —.

Nos soldats ont saccagé -- plus de villes que les ennemis n'en ont pris -- dans leur pays.

Ma sœur est absente ; les nouvelles que j'en ai reçu --, sont bonnes.

Vos frères m'ont témoigné -- beaucoup d'estime, je les en ai remercié --.

Ces étrangers ont commis -- de grandes fautes ; on les en a puni --.

Tu m'as donné -- plus de livres que je ne t'en ai demandé --.

Il s'est trouvé -- dans cet ouvrage plus de fautes que vous n'en avez remarqué --.

Tout le monde m'a offert — des services ; personne ne m'en a rendu -- ; la peine que j'en ai ressenti -- a causé — la maladie dont j'ai failli — ne pas guérir.

5

Votre conduite a été imprudente ; les reproches qu'on vous en a fait —, vous ont humilié —.

Votre sœur a secouru — les pauvres, on l'en a loué —.

Le participe passé qui a pour complément direct un nom précédé de LE PEU, **s'accorde avec ce nom exprimé avant, si l'on peut supprimer le mot peu sans changer le sens de la phrase.**

Ex. : Le peu d'affection, que vous m'avez *témoignée*, m'a pénétrée de reconnaissance pour vous.

Le peu d'affection que vous m'avez *témoigné*, m'a glacée de crainte.

Le peu de soins qu'on a *donnés* à ce malade, l'ont rappelé à la vie.

Le peu de soins qu'on a donné à ce malade, a causé cette rechute.

EXERCICE.

Je m'afflige du peu de confiance que vous m'avez témoigné —.

On a blâmé — le peu d'exactitude qu'ils ont mis — à terminer leurs comptes.

On les a loué — du peu d'exactitude qu'ils ont mis — à terminer leurs comptes.

Il ne vous parlera pas, par modestie, du peu de capacité qu'il a acquis — dans les armées.

Le peu de fautes que vous avez fait — aujourd'hui, atteste vos progrès.

Le peu de fautes que vous avez fait — aujourd'hui, prouvent votre étourderie.

On vous a loué — du peu d'efforts que vous avez fait — pour vous corriger de vos défauts.

On vous a reproché — le peu d'efforts que vous avez fait — pour vous corriger de vos défauts.

Il nous a remercié — , du peu de mots affectueux que nous lui avons adressé —.

Le peu de bons livres que j'ai lu , — ont développé — mon jugement.

Elle regagne par une course rapide le peu de moments qu'elle a perdu —.

La perte de la bataille est attribué — au peu d'habileté qu'a montré — le général.

Dans les temps composés des verbes pronominaux, le verbe ÊTRE est employé pour le verbe AVOIR ; le participe passé ne s'accorde qu'avec son complément direct exprimé avant.

Ex. : Ils se sont *confié* leurs craintes.

Ils se sont *confiés* à leurs amis.

Ils se sont *aimés* dès qu'ils se sont *connus*.

Ils se sont *dit* de dures vérités quand ils se sont *parlé*.

EXERCICE.

Les vérités qu'ils se sont dit — , les ont rendu — ennemis irréconciliables.

Nous nous sommes fait — des signes.

Ces jeunes gens se sont cherché — querelle.

Ces jeunes gens se sont cherché — dans le jardin et ne se sont pas rencontré —.

Nous nous sommes fait — des ennemis.

Les ennemis que nous nous sommes fait — , se sont réuni — contre nous.

Vous vous êtes glissé — des lettres.

Vous vous êtes glissé — dans la chambre.

Ces généraux se sont couvert — de gloire.

Ces hommes se sont couvert — tout le corps.

Les croisés se sont attaché — des croix d'étoffe rouge

sur l'épaule, et ont juré — de délivrer le tombeau du Christ.

Ils se sont attaché — à nos pas et ne nous ont plus quitté —.

Ces messieurs se sont proposé — d'enseigner la langue anglaise à mon fils.

Ces messieurs se sont proposé — pour enseigner la langue anglaise à mon fils.

Nous nous sommes assuré — une rente qui nous a mis — à l'abri du besoin.

Nous nous sommes assuré — de votre présence ; puis nous nous sommes éloigné —.

Ces hommes se sont nui —.

Ces rois se sont succédé —.

Nous nous sommes souri —.

Quelle mauvaise affaire vous vous êtes attiré —.

Les participes passés de verbes essentiellement pronominaux s'accordent avec le pronom qui les précède. (S'arroger est le seul verbe essentiellement pronominal qui ait un complément direct autre que le pronom.)

Ex. : Nous nous sommes *souvenus* de cette faute, et nous nous en sommes *repentis*.

Les ennemis se sont *emparés* de la ville.

EXERCICE.

Nous nous sommes abstenu — de donner notre opinion.

Ils se sont formalisé — de vos soupçons.

Nos chevaux se sont cabré —.

Mes sœurs se sont absenté — pendant plusieurs mois.

Ces dames s'étaient mépris — sur nos intentions.

Ils se sont enfui — à travers les bois ; ils se sont réfugié — dans cette cabane, où ils se sont accroupi — pour se dérober à ma vue.

RÉCAPITULATION.

Ma santé s'est promptement rétabli —; les soins que m'a prodigué — ma mère, les ordonnances du médecin que j'ai voulu — suivre ponctuellement, les précautions que j'ai pris —, m'ont préservé — d'une rechute qui peut-être aurait été moins dangereuse qu'on ne l'avait dit — d'abord.

La vérité que je vous avais recommandé — de dire, vous aurait nui — beaucoup moins que les mensonges que vous avez voulu — faire, et qui ont indisposé — votre mère contre vous ; sans doute elle vous aurait pardonné — si vous aviez avoué — vos torts; mais vous les avez caché —, vous l'avez trompé —, elle s'est montré — sévère à votre égard parce qu'elle s'est imposé — le devoir de corriger votre penchant à la dissimulation ; tout le monde l'a approuvé —.

Ces fautes m'ont échappé — malgré toute l'attention que j'ai prêté — à cette lecture.

Ils se sont moqué — de nous ; ils nous ont accablé — d'injures ; nous ne leur avons pas répondu — et nous nous sommes enfui —.

Elle a revu — enfin les enfants qu'elle avait tant pleuré —.

Les domestiques qu'on nous a donné —, nous ont servi — avec beaucoup de patience.

Des bûches de chêne nous ont servi — de pont pour traverser le marais.

Toutes les années qu'elle a langui —, gémi —, soupiré —, lui ont paru — des siècles.

Tu te prévaux du peu d'expérience que tu as acquis — et que les années t'ont donné —.

Si vous saviez le peu de peine que cet événement m'a causé —, vous me trouveriez bien insensible.

Autant ses parents lui ont laissé — de fortune, autant elle en a dissipé —.

Le peu d'instruction qu'on a reçu —, trouve toujours on utilité.

Vos progrès n'ont pas répondu — aux sacrifices que se sont imposé — vos parents.

As-tu partagé — les opinions que je t'ai exprimé — dans ma dernière lettre.

Les discussions qu'il y a eu — dans notre famille, ont été moins désagréables que je ne l'avais craint —.

Des personnes que nous avions cru — charitables —, ont refusé — à ces malheureux les légers secours qu'ils ont réclamé — ; on a fortement blâmé — le peu d'humanité qu'elles ont montré —.

Votre sœur est moins riche que je ne l'avais cru — ; les dépenses qu'elle a fait — pour son fils, l'ont obligé — à travailler pour vivre.

Tu aurais eu — plus de patience que je n'en ai montré — si tu t'étais trouvé — dans la position malheureuse où m'ont laissé — mes parents.

Vous vous êtes montré — si orgueilleuse que vous vous êtes attiré — des reproches de toute votre famille.

Le participe passé, précédé du verbe AVOIR, d'un complément direct, et suivi d'un infinitif, ne s'accorde avec ce complément direct que lorsqu'il peut devenir sujet de l'infinitif.

Ex. : Les artistes que nous avons *entendus* jouer ces morceaux, sont habiles.

Les morceaux que nous avons *entendu* jouer par ces artistes, sont fort longs.

Votre sœur est arrivée ici, je l'ai *vue* entrer dans la maison de son notaire.

Votre sœur est arrivée ici, je l'ai *vu* conduire dans cette maison par un des domestiques de votre tante.

EXERCICE.

Les enfants que vous avez laissé — courir dans le jardin, se sont fatigué —.

Les enfants que vous avez laissé — enfermer ici par leur bonne, ont dérangé — tous mes meubles.

L'échanson s'étant rappelé — les songes qu'il avait entendu — expliquer par Joseph, proposa au roi de faire venir le prisonnier.

La foudre que tu as entendu — gronder, a brisé — tous les beaux arbres que nous avions laissé — s'élever au fond de notre jardin.

Les soldats qu'on a laissé — s'avancer vers l'ennemi, ont été massacré —.

Les soldats qu'on a laissé — conduire vers l'ennemi, ont été massacré —.

Les élèves que nous avons vu — dessiner, ont terminé — dernièrement les deux paysages que tu as entendu — vanter par ces artistes.

Avez-vous admiré — les paysages que nous avons vu — dessiner par ces jeunes artistes.

Cette pauvre femme s'est laissé — mourir de faim.

J'ai entendu — cette personne parler si sagement que je l'ai laissé — diriger mes fils.

On nous a entendu — blâmer cette action.

On nous a entendu — blâmer par nos parents.

J'ai entendu — sonner huit heures.

L'heure que j'ai entendu — sonner, m'a rappelé — notre rendez-vous.

Le participe passé FAIT, suivi d'un infinitif est invariable.

Ex. : Les portes que j'avais *fait* fermer, sont ouvertes de nouveau.

Les arbres que vous avez *fait* arracher, étaient chargés de fleurs.

EXERCICE.

Une femme s'est présenté — ici, on l'a fait — sortir.

Cette plaisanterie nous a fait — rire.

Nous nous sommes fait — expliquer les causes de la discussion qui s'est élevé — entre nos parents.

Vous vous êtes fait — des ennemis par le peu d'indulgence que vous avez montré — en cette occasion.

Les oiseaux que nous avons vu — poursuivre par ces enfants, se sont réfugié — sur les arbres que nous avons fait — planter dans cette allée.

RÉCAPITULATION.

Les reproches que votre sœur s'était imaginé — que je lui ferais, l'avaient effrayé —.

Je vous ai apporté — tous les livres que j'ai cru — utiles pour votre instruction.

Votre mère était plus heureuse que vous ne l'aviez pensé —; elle s'était créé — des occupations qui lui avaient procuré — des moyens d'existence.

L'anecdote que j'ai entendu — raconter à ce vieillard, m'a beaucoup plu —.

Nous nous sommes cherché — une société plus agréable que la vôtre ; nous nous sommes trouvé — des amis qui nous ont consolé — des peines que nous avons éprouvé — en l'absence de nos parents.

Le peu de soumission que cette petite fille a montré — ce matin, a affligé — sa mère.

Les personnes que tu as vu — saluer par mon père, sont étrangères ; elles sont arrivé — ici aujourd'hui.

Les médecins auxquels on a demandé — une consultation pour ce vieillard, se sont réuni -- aujourd'hui ; ils ont assuré — que sa maladie est moins dangereuse qu'on ne l'avait jugé — d'abord.

Les difficultés que j'ai eu — à surmonter m'avaient effrayé — ; cependant j'ai réussi — dans mon entreprise parce qu'on m'a laissé — agir comme il m'a convenu —.

T'es-tu procuré -- les deux ouvrages que ton professeur t'a conseillé -- de lire.

Ces hommes se sont nui -- les uns aux autres ; ils se sont poursuivi -- avec un acharnement dont on a vu -- peu d'exemples.

Plusieurs dames sont venu — pour voir votre mère pendant qu'elle était sorti --; cependant on lui a assuré -- que personne ne l'a demandé -- pendant le peu d'instants qu'elle a passé -- hors de chez elle.

Cette jeune personne s'est rendu -- odieuse par l'habitude qu'elle a contracté -- de contrefaire toutes les personnes en qui elle a remarqué -- quelques défauts.

Les chaleurs qu'il a fait -- cette année, n'ont duré -- que quelques jours.

Cette illustre princesse ne s'est point laissé -- aller aux injustices comme tant de rois qu'on a vu --- se succéder sur le même trône.

Vous n'avez point suivi -- les maximes de vertu que votre mère a tâché --- de vous inspirer.

Nous avons arraché --- plus de secrets à la nature dans l'espace de cent années, que le genre humain n'en avait découvert -- depuis le commencement des siècles.

Elle a vu --- mourir les deux fils auxquels elle avait prodigué -- tant de soins.

Nos larmes, que nous n'avons pas pu -- retenir, ont laissé -- voir de quelle vive emotion nous étions pénétré--.

On lui a donné -- plus d'éloges qu'elle n'en a mérité --; la vanité qu'elle en a conçu --, l'a rendu --- ridicule aux yeux de tous ceux qui l'ont entendu -- se vanter de son esprit et de ses talents.

Avez-vous admiré -- la patience qu'il a fallu -- à cette pauvre femme pour supporter les contrariétés que lui ont fait -- éprouver les héritiers de son mari.

VERBES IRRÉGULIERS.

On nomme verbes irréguliers ceux qui, dans tous les temps et toutes les personnes, ne sont pas formés d'après les règles générales.

PREMIÈRE CONJUGAISON.

ALLER. -- Présent de l'indicatif. Je *vais*, tu *vas*, il *va*, nous allons, vous allez, ils *vont.*

Futur. J'*irai*, tu *iras*, etc.

Conditionnel. J'*irais*, tu *irais*, etc.

Impératif. *Va*, allons, allez.

Présent du subjonctif. Que j'*aille*, que tu *ailles*, qu'il *aille*, que nous allions, que vous alliez, qu'ils *aillent.*

ENVOYER. -- Futur. J'*enverrai*, tu *enverras*, etc.

Conditionnel : j'*enverrais*, etc.

Ainsi se conjugue *renvoyer*.

SECONDE CONJUGAISON.

ACQUÉRIR, acquérant, acquis, j'acquiers, j'acquis. -- Futur et conditionnel. Radical : *acquer*, j'*acquerrai*, etc.

Présent de l'indicatif.... ils *acquièrent.*

Présent du subjonctif. Que j'*acquière*, que tu *acquières*, qu'il *acquière*.... qu'ils *acquièrent*.

Ainsi se conjuguent *conquérir*, *reconquérir*, *requérir* et s'*enquérir*.

Courir, courant, couru, je cours, je courus.

Futur et Conditionnel. Le radical est *cour*; je *courrai*, etc.

Ainsi se conjuguent *concourir*, *discourir*, *encourir*, *parcourir*, *secourir*.

Ouvrir, ouvrant, ouvert, j'*ouvre*, j'ouvris. -- Présent de l'indicatif. J'*ouvre*, tu *ouvres*, il *ouvre*.

Impératif: *ouvre*.

Ainsi se conjuguent *découvrir*, *couvrir*, *recouvrir*, *entr'ouvrir*, *rouvrir*, *souffrir*, *offrir*.

Tressaillir, tressaillant, tressailli, je *tressaille*, je tressaillis.

Présent de l'indicatif. Je *tressaille*, tu *tressailles*, il *tressaille*, etc.

Impératif. *Tressaille*, etc.

Ainsi se conjugue *assaillir*.

Cueillir, cueillant, cueilli, je *cueille*, je cueillis.

Futur et conditionnel. Le radical est *cueille*.

Présent de l'indicatif. Je *cueille*, tu *cueilles*, il *cueille*.

Impératif. *Cueille*.

Ainsi se conjuguent *accueillir*, *recueillir*.

Mourir, mourant, mort, je meurs, je mourus.

Futur et conditionnel. Le radical est *mour*.

Indicatif présent.... ils *meurent*.

Subjonctif présent. Que je *meure*, que tu *meures*, qu'il *meure*.... qu'ils *meurent*.

Tenir, tenant, tenu, je tiens, je tins.

Futur et conditionnel. Le radical est *tiend.*

Présent de l'indicatif..... ils *tiennent.*

Présent du subjonctif. Que je *tienne*, que tu *tiennes*, qu'il *tienne*.... qu'ils *tiennent.*

Ainsi se conjuguent *s'abstenir*, *appartenir*, *contenir*, *détenir*, *entretenir*, *maintenir*, *obtenir*, *retenir*, *soutenir*, *venir*, *revenir*, *circonvenir*, *devenir*, *disconvenir*, *intervenir*, *parvenir*, *prévenir*, se *ressouvenir*, *redevenir*, *subvenir*, *provenir*, se *souvenir*, *convenir.*

Asseoir, asseyant, assis, j'assieds, j'assis.

Futur et conditionnel. Le radical est *assié.*

Ainsi se conjugue *rasseoir.*

Concevoir, concevant, conçu, je conçois, je conçus.

Futur et conditionnel. Le radical est *concev.*

Présent de l'indicatif.... ils *conçoivent.*

Présent du subjonctif. Que je *conçoive*, que tu *conçoives*, qu'il *conçoive*.... qu'ils *conçoivent.*

Ainsi se conjuguent *percevoir*, *apercevoir*, *recevoir*, *devoir*, *redevoir.*

Mouvoir, mouvant, mû, je meus, je mus.

Futur et conditionnel. Le radical est *mouv.*

Présent de l'indicatif..,. ils *meuvent.*

Présent du subjonctif. Que je *meuve*, que tu *meuves*, qu'il *meuve*.... qu'ils *meuvent.*

Ainsi se conjugue *émouvoir.*

Savoir, sachant, su, je sais, je sus.

Futur et conditionnel. Le radical est *sau.*

Présent de l'indicatif. Nous *savons*, vous *savez*, ils *savent.*

Imparfait. Je *savais*, etc.

Impératif. *Sache*, sachons, sachez.

Voir, voyant, vu, je vois, je vis.

Futur et conditionnel. Le radical est *ver*.

Ainsi se conjuguent *entrevoir* et *revoir*.

Boire, buvant, bu, je bois, je bus.

Présent de l'indicatif.... ils *boivent*.

Présent du subjonctif. Que je *boive*, que tu *boives*, qu'il *boive*..... qu'ils *boivent*.

Dire, disant, dit, je dis, je dis.

Présent de l'indicatif : vous *dites*.

Ainsi se conjugue *redire*.

Faire, faisant, fait, je fais, je fis.

Futur et conditionnel. Le radical est *fe*.

Présent de l'indicatif. Vous *faites*, ils *font*.

Présent du subjonctif. Que je *fasse*, que tu *fasses*, qu'il *fasse*, que nous *fassions*, que vous *fassiez*, qu'ils *fassent*.

Ainsi se conjuguent *défaire*, *refaire*, *surfaire*, *contrefaire*, *satisfaire*.

Prendre, prenant, pris, je prends, je pris.

Présent de l'indicatif.... ils *prennent*.

Présent du subjonctif. Que je *prenne*, que tu *prennes*, qu'il *prenne*..... qu'ils *prennent*.

Ainsi se conjuguent *apprendre*, *comprendre*, *désapprendre*, *entreprendre*, se *méprendre*, *reprendre*, *surprendre*, *suspendre*.

VERBES DÉFECTIFS.

On appelle verbes défectifs ceux auxquels il manque certains temps ou certaines personnes que l'usage n'admet pas. Lorsqu'un temps primitif manque, ordinairement les temps qui en dérivent, manquent également.

Faillir, faillant, failli, ... je faillis. Ce verbe n'est usité qu'au passé défini, au futur, au conditionnel et aux temps composés.

Férir. Il n'est usité qu'au présent de l'infinitif et dans cette locution *sans coup férir*.

Gésir, gisant. Ce verbe n'est usité que dans ci-gît, il gît, nous gisons, vous gisez, ils gisent; je gisais, tu gisais, il gisait, nous gisions, vous gisiez, ils gisaient.

Ouïr, ouï. Ce verbe n'est usité qu'au présent de l'infinitif et aux temps composés.

Quérir. Il n'est usité qu'au présent de l'infinitif.

Choir. Il n'est usité qu'au présent de l'infinitif.

Déchoir.... déchu, je déchois, tu déchois, il déchoit, nous déchoyons, vous déchoyez, ils déchoient. Imparfait, je déchoyais, etc. Passé défini, je déchus, etc. Futur, je *décherrai*, etc. Conditionnel, je *décherrais*, etc.; pas d'impératif. Présent du subjonctif, que je *déchoie*, etc. Imparfait, que je déchusse, etc.

Échoir, échéant, échu. Présent de l'indicatif, il échoit ou il échet; pas d'imparfait. Passé défini, j'échus. Futur, j'*écherrai*, etc. Conditionnel, j'*écherrais*, etc.; pas d'impératif; pas de présent du subjonctif. Imparfait, que j'échusse, etc.

Pouvoir, pouvant, pu. Présent de l'indicatif, je *peux* ou je *puis*, tu *peux*, il peut, nous pouvons, vous pouvez, ils *peuvent*. Imparfait, je pouvais, etc. Passé défini, je pus, etc. Futur, je *pourrai*, etc. Conditionnel, je *pourrais*, etc.; pas d'impératif. Présent du subjonctif, que je *puisse*, etc. Imparfait, que je pusse, etc.

Ravoir. Il n'est usité qu'à l'infinitif.

Falloir.... fallu. Présent de l'indicatif, il faut. Imparfait, il fallait. Passé défini, il fallut. Futur, il faudra.

Conditionnel, il faudrait. Présent du subjonctif, qu'il *faille*. Imparfait, qu'il fallût.

Seoir, (être situé,) séant, sis. Le reste manque.

Seoir, (être convenable); seyant. Pas de participe passé. Présent de l'indicatif, il sied; ils *siéent*; Imparfait, il seyait, ils seyaient. Pas de passé défini. Futur, il *siéra*, ils *siéront*. Conditionnel, il *siérait*, ils *siéraient*. Présent du subjonctif, qu'il *siée*, qu'ils *siéent*.

Valoir, valant, valu. Présent de l'indicatif, je *vaux*, tu *vaux*, il vaut, nous valons, vous valez, ils valent. Imparfait, je valais. Passé défini, je valus, etc. Futur, je *vaudrai*, etc. Conditionnel, je *vaudrais*, etc. Pas d'impératif. Présent du subjonctif, que je *vaille*, que tu *vailles*, qu'il *vaille*, que nous valions, que vous valiez, qu'ils *vaillent*. Imparfait, que je valusse, etc.

Équivaloir se conjugue sur valoir.

Prévaloir se conjugue sur valoir; mais il est régulier au présent du subjonctif.

Vouloir, voulant, voulu. Présent de l'indicatif, je *veux*, tu *veux*, il veut, nous voulons, vous voulez, ils *veulent*. Imparfait, je voulais, etc. Passé défini, je voulus, etc. Futur, je *voudrai*, etc. Conditionnel, je *voudrais*, etc. Impératif, *veuille*, *veuillez*. Présent du subjonctif, que je *veuille*, que tu *veuilles*, qu'il *veuille*, que nous voulions, que vous vouliez, qu'ils *veuillent*. Imparfait, que je voulusse, etc.

Absoudre, absolvant, absous, absoute. Présent de l'indicatif, j'absous, etc.

Le passé défini et l'imparfait du subjonctif manquent.

Braire, brayant. Il n'est usité qu'aux temps et aux personnes suivantes: présent de l'indicatif, il brait, ils braient. Imparfait, il brayait, ils brayaient. Futur, il braira, ils brairont. Conditionnel, il brairait, ils brairaient.

BRUIRE, bruyant. Présent de l'indicatif, il bruit. Imparfait, il bruyait, ils bruyaient. Le reste manque.

CLORE.... clos. Présent de l'indicatif, je clos, tu clos, il clôt. Point de pluriel. Futur, je clorai, etc. Conditionnel, je clorais, etc. Le reste manque.

ECLORE.... éclos. Présent de l'indicatif, il éclot, ils éclosent. Futur, il éclora, ils écloront. Conditionnel, il éclorait, ils écloraient. Présent du subjonctif, qu'il éclose, qu'ils éclosent. Le reste manque.

FRIRE, frit. Présent de l'indicatif, je fris, tu fris, il frit; pas de pluriel. Futur, je frirai, etc. Conditionnel, je frirais, etc. Impératif, fris. Le reste manque.

PAÎTRE, paissant. Ce verbe se conjugue régulièrement; mais il n'a ni passé défini, ni imparfait du subjonctif.

REPAÎTRE. Il se conjugue comme paître, mais il a un participe passé *repu*, et un passé défini, je repus.

TRAIRE, trayant, trait. Ce verbe se conjugue régulièrement; mais il n'a ni passé défini, ni imparfait du subjonctif.

Ainsi se conjuguent *abstraire*, *distraire*, *soustraire*.

LUIRE, luisant, lui. Ce verbe se conjugue régulièrement; mais il n'a ni passé défini, ni imparfait du subjonctif.

FIN.

ERRATUM. — La première série de la page 5 ne doit être placée qu'à la page 9.

PREMIÈRES LEÇONS
DE GRAMMAIRE.

NOMS.

Les mots qui servent à nommer les personnes ou les choses sont des NOMS.

Ex. Une maison. — Elisa.

ADJECTIFS QUALIFICATIFS.

Les mots qui expriment comment sont les personnes ou les choses sont des ADJECTIFS QUALIFICATIFS.

Ex. Une belle fleur. — La malheureuse Louise.

VERBES.

Les mots qui expriment ce que l'on fait, sont des VERBES.

Ex. Je chante. — Elle dort.

ADJECTIFS NUMERAUX.

Les mots qui servent à compter les personnes et les choses, sont des ADJECTIFS NUMÉRAUX.

Ex. Trois crayons. — Cent soldats.

ADJECTIFS POSSESSIFS.

Les mots qui expriment à qui appartiennent les personnes ou les choses, sont des ADJECTIFS POSSESSIFS.

Ex. Mon cheval. — Notre domestique.

ADJECTIFS DEMONSTRATIFS.

Les mots qui servent à montrer les personnes ou les choses, sont des ADJECTIFS DÉMONSTRATIFS.

Ex. Cette pendule. — Ce jardinier.

PRONOMS.

Les mots qui représentent les personnes ou les choses sans les nommer, sont des PRONOMS.

Ex. Elle vient. — Il miaule.

GENRE.

Il y a deux genres : le MASCULIN *et le* FÉMININ.

Les mots avant lesquels on peut mettre LE *ou* UN, *sont du masculin; ceux avant lesquels on peut mettre* LA *ou* UNE *sont du féminin.*

NOMS COMMUNS. NOMS PROPRES.

Il y a deux sortes de noms : le NOM COMMUN *et le* NOM PROPRE.

Le NOM COMMUN est celui qui convient à tous les êtres de la même espèce.
Ex. Une ville. — Un chien.
Le NOM PROPRE est un nom qui ne convient pas à tous les êtres de la même espèce.
Ex. Bar. — David.

NOMBRE.

Il y a deux nombres : le SINGULIER *et le* PLURIEL.

Quand on parle d'une seule personne ou d'une seule chose, le nom est au SINGULIER.
Ex. Un ami. — Mon bâton.
Quand on parle de plusieurs personnes ou de plusieurs choses, le nom est au PLURIEL.
Ex. Des draps. — Nos soldats.

ARTICLE.

LE, *article simple masculin singulier.*
LA, *article simple féminin singulier.*
LES, *article simple pluriel des deux genres.*

On emploie DU pour DE LE, DES pour DE LES, AU pour A LE, AUX pour A LES.

NOMS DÉTERMINÉS.

Les adjectifs numéraux, les adjectifs possessifs, les adjectifs démonstratifs et l'article servent à DÉTERMINER *les noms.*

Les DÉTERMINATIFS *sont du même genre et du même nombre que les noms qu'ils déterminent.*

Le pain. — Une sœur. — Ton frère. — Notre maître. — La reine. — Votre jardin. — Ma tante. — Deux oranges. — Ce chien. — Cette maison. — Des rois. — Leur voiture. — La classe. — Ton tambour. — Ma chaîne. — Un crayon. — Cette chambre. — Trois sous. — Les bouteilles. — Votre pêche. — Une noix. — La croix. — Mon ouvrage. — Ton peigne. — Cette brosse. — Un chameau. — Ces noisettes. — Le bas. — La laine. — Une bougie. — Les animaux. — Trois clous. — Ta mère. — Sa marraine. — Mes cousins. — Ces chèvres. — Le feu. — Les paysans. — Des poissons. — Six canards. — Sa bêche. — Mon rateau. — Les fleurs. — Leurs livres. — Tes cahiers. — Un boulanger. — Quinze noix. — Ce chat. — Nos meubles. — La jardinière. — Des maçons. — La gouvernante. — Ton chapeau. — Le portier. — Une femme. — Vos voisins. — Huit chaises. — Notre table. — Ta brouette. — Mon couteau. — Ces laboureurs. — Une poire. — Des cerises. — Nos moutons. — Leurs agneaux. — Ma serviette. — Ton habit. — Sa blouse. — Ces oiseaux. — Les pommes. — Mon devoir. — Son âne. — Ce valet. — Mes cartes. — Trente francs. — Un arrosoir. — Cet argent. — Vingt ans. — Mon amitié. — Ce laboureur. — Ces trois enfants. — Tes six plumes. — Nos quatre voisins. — Ses cinq pommes. — Leurs dix abricots. — Mes douze sous. — Vos trente moutons. — Ces vingt bouteilles. — Les deux vieillards. — Tes quarante pigeons. — Vingt-cinq prunes. — Trente-quatre pêches. — Cinquante-huit arbres. — Dix-sept hannetons.

NOMS DÉTERMINÉS ET QUALIFIÉS.

Les adjectifs qualificatifs servent à qualifier les noms. Ils sont toujours du même genre et du même nombre que les noms qu'ils qualifient.

Une table ronde. — La belle maison. — Ma bonne

mère. — Un vieux domestique. — Une poule grasse. — Ce cahier propre. — Ma pauvre tante. — Ta grande poupée. — Ton petit frère. — Le vin blanc. — Une vieille femme. — Un bon père. — Cet enfant sourd. — Ton parrain généreux. — Votre servante active. — Ce livre précieux. — Des raisins mûrs. — Un cheval ombrageux. — Les champs fertiles. — Une chaleur étouffante. — Des familles pieuses. — Mes deux meilleurs élèves. — Ces trois pauvres femmes. — Des branches sèches. — Votre excellente mère. — Leurs charmants costumes. — Vingt-quatre marrons cuits. — Un puits profond. — Mon cousin obligeant. — Ces honnêtes garçons. — Un pâté chaud. — Une affreuse grimace. — Deux ouvriers malades. — Mon tablier noir. — Ta robe neuve. — Une plume dure. — Un voisin poli. — Une règle facile. — Ta blouse bleue. — Un bouquet fané. — Le raisin mûr. — Le long chemin. — Un jeu bruyant. — Des enfants habiles. — Ce travail utile. — Cette fermière brutale. — La tendresse maternelle. — Votre habit neuf. — La place publique. — Vos domestiques soigneux. — Ce gros loup. — Le tigre cruel. — Ces orphelins malheureux. — Un soldat courageux. — Votre vigneron malade. — Cette vieille armoire. — Leurs cheveux blancs. — Six nouveaux voyageurs. — Un vent violent. — Ce pays malsain. — Trois amis inséparables. — Du vin mousseux. — Cette fausse nouvelle. — Une invention utile. — Des vases superbes. — Vos écoliers attentifs. — Des yeux bleus. — Nos devoirs difficiles. — Un cheval fougueux. — Un passage dangereux. — Ce gros cheval blanc. — La pauvre petite fille. — Le jeune garçon aveugle. — La belle grande poupée. — Deux bonnes poires fondantes. — Votre mauvais pain bis. — Quatre vieilles femmes infirmes. — Deux méchants enfants capricieux. — Nos meilleurs arbres fruitiers. — Ces deux jolis petits chiens. — Vos quatre jeunes domestiques adroits. — Leurs trois belles robes neuves. — Nos deux seuls amis complaisants. — Tes douze grosses pommes rouges. — Ce petit garçon studieux. — Ma vieille cousine malade. — Une bonne groseille verte. — Trois petits melons mûrs. — Votre jeune sœur malade. — Ces trois grands arbres fleuris. — Ton excellente soupe maigre. — Ces bonnes petites filles. — Ta méchante cousine. — La nouvelle maîtresse.

ADVERBES.

Les mots qui expriment OÙ, QUAND, COMMENT, COMBIEN, *sur les adjectifs qualificatifs et sur les verbes, sont des* ADVERBES.

Ex. Je travaille ici. — Nous viendrons demain. — Tu marches lentement. — Vous parlez trop. — Des enfants polis partout. — Une femme toujours malade. — Des devoirs scrupuleusement observés. — Une bouteille trop pleine.

NOMS DÉTERMINÉS, QUALIFIÉS, ET ADJECTIFS MODIFIÉS.

Les adverbes servent à modifier les adjectifs qualificatifs, les verbes, ou d'autres adverbes.

Les adverbes sont invariables.

Une chaise plus basse. — Des ouvrages mieux faits. — Deux raisins presque mûrs. — Vos souliers trop étroits. — Des animaux peu patients. — Ce fort beau jardin. — Le garçon vraiment laborieux. — Cette maison assez grande. — Leurs chevaux très-vigoureux. — Vos écoliers bien paresseux. — Une femme souvent malade. — Ta poire encore verte. — Tes ouvriers quelquefois gais. — La voiture maintenant vide. — Des mains rarement propres. — Cet homme moins instruit. — Des feuilles toujours vertes. — Une personne mieux élevée. — Cette étoffe moins commune. — Leurs très-beaux fruits. — La plus grande classe. — Un fils très-obéissant. — Votre mère trop indulgente. — Un habit presque neuf. — Cet enfant excessivement remuant. — Ta sœur trop bonne. — Ton père si patient. — Les cahiers bien propres. — Une personne moins ignorante. — Les plus vieux meubles. — Sa plus belle robe. — Les terres peu fertiles. — Un plancher ordinairement sale. — Ta voisine bien modeste. — Votre chambre élégamment meublée. — Une leçon mieux apprise. — Des écoliers moins appliqués. — Vos amies si charitables. — Une permission tant désirée. — Cet élève souvent puni. — Des rubans assez jolis. — Un homme autrefois riche. — Cette rue extraordinairement large. — Ce devoir moins long. — Ce domestique continuellement occupé. — Ce chemin rarement mauvais. — Une maison maintenant inhabitée. -- Nos locataires souvent ennuyeux. -- Vos habits si sales. -- Leurs maîtres toujours contents. -- Un vieillard parfois maussade. -- Une maladie plus dangereuse. -- Vos neveux si avides. -- Du drap moins cher. -- Une fermière trop brutale. -- Mes sœurs si gentilles. -- Une dame assez obligeante. -- Cette étude très-utile. -- La chambre moins propre. -- Un jour tristement passé. -- Une faute sévèrement punie. -- Des vacances assez longues. -- Des fleurs si fraîches. -- Des arbres plantés ici. -- Des personnes réellement souffrantes. -- Une femme encore jeune. -- Un manteau bien doublé. -- Vos vignerons fort pauvres. -- Une récolte plus abondante. -- Ce prédicateur si éloquent.

Des toilettes encore plus fraîches. — Vos sœurs toujours si honnêtes. — Nos ouvriers long-temps très-malheureux. — Un jeune cheval beaucoup moins fougueux. — Une douleur bien moins vive. — Nos enfants toujours si peureux. — Des domestiques polis partout. — Des arbres mal soignés ailleurs. — Votre voisin ordinairement si bavard. — Leurs devoirs trop souvent négligés. — Un fossé bien plus profond. — Du drap noir beaucoup moins large. — Une nouvelle pelisse assez bien faite. — La leçon bien moins difficile. — Un petit banc assez solide. — Cette vieille marchande quelquefois si polie. — Votre malheureux cousin si peu prudent. — Cette nombreuse famille autrefois fort riche. — Des objets rarement utiles. — Une dépense tout-à-fait inutile maintenant.

ADJECTIFS INDEFINIS.

Les mots suivants sont appelés ADJECTIFS INDÉFINIS. *Ils servent à déterminer les noms.*

Masc. sing.	Fém. sing.	Masc. plur.	Fém. plur.
Quel.	Quelle.	Quels.	Quelles.
Tel.	Telle.	Tels.	Telles.
Certain.	Certaine.	Certains.	Certaines.
Quelque.	Quelque.	Quelques.	Quelques.
Tout.	Toute.	Tous.	Toutes.
Nul.	Nulle.	Plusieurs.	Plusieurs.
Chaque.	Chaque.		
Aucun.	Aucune.		

NOMS DETERMINES PAR DES ADJECTIFS INDEFINIS.

Quelle superbe forêt. — Quels cris affreux. — Quelles grosses poires. — Tel voisin capricieux. — Telle personne prévoyante. — Certaine femme trop fière. — Certaines questions moins discrètes. — Tout le meilleur vin vieux. — Toutes ces coutumes si anciennes. — Tous les animaux sauvages. — Toute la bonne marchandise. — Quelques soldats grièvement blessés. — Quelques fleurs beaucoup mieux cultivées. — Plusieurs voitures aussi chargées. — Chaque ouvrier aussi adroit. — Nul secours aussi efficace. — Quelques jeux moins bruyants. — Tous les hommes sages. — Quelle belle maison. — Certains amis peu sûrs. — Aucun domestique dévoué.

PREPOSITIONS.

La préposition est un mot invariable qui sert à exprimer les rapports que les mots ont entre eux.

Les PRÉPOSITIONS le plus souvent employées sont :

A, après, durant, sur, de, avant, pendant, chez, en, dans, selon, vers, sans, depuis, parmi, par, pour, suivant, malgré, excepté, hors, entre, envers, sous, jusque, à travers, au travers de, près de, autour de, auprès de, vis-à-vis, par-dessus, par-dessous, dès.

Les adverbes qui expriment COMBIEN *sont appelés adverbes de quantité.*

Les adverbes de quantité, joints à la préposition DE, *servent à déterminer les noms.*

Beaucoup de canards sauvages. — Peu de personnes instruites. — Moins de travaux pénibles. — Plus d'un jour heureux. — Autant de devoirs bien soignés. — Tant de paroles entièrement inutiles. — Point de mauvaises habitudes. — Pas de manières aussi brutales. — Trop de groseilles blanches. — Combien de voyageurs aussi fatigués. — Assez de fruits bien mûrs.

NOMS COMPLÉTÉS.

Deux noms joints par une PRÉPOSITION *forment un* NOM COMPLÉTÉ.

Le premier se nomme NOM INCOMPLET ; *le second* NOM COMPLÉTIF.

NOM INCOMPLET SEUL DETERMINE.

Un paquet d'allumettes. — Ton chien de chasse. — Le piano d'acajou. — Une montre d'or. — La leçon de musique. — La route de Paris. — Une tache d'encre. — Un tapis de laine. — Une aiguille d'acier. — Un lit de fer. — Ce bouquet de violettes. — Une tête de pavot. — Un moment de silence. — Des pots de confitures. — Le tourbillon de poussière. — Cette marchande de fruits. — Son maître de musique. — Ta pélerine de velours. — Mon morceau de pain. — Une gravure sur acier. — Les villes de France. — Un général en retraite. — Un domestique sans condition. — Votre manteau en drap. — Une lettre sans date. — Les animaux à fourrure. — La pierre à fusil. — Les moulins à vent. — La bonté de Dieu. — Le sacrifice d'Abraham. — Le crime de Caïn. — Le malheur de Charles. — La poupée de Louise. — Le chapeau de velours. — Un morceau de pâté. Une botte de foin. — Une assiette de porcelaine. — Le sirop de gomme. — Un pain de sucre. — Cette robe de soie. — Une plume d'acier. — Votre cheminée de marbre. — Le banc de mousse.

LES DEUX NOMS DÉTERMINÉS.

L'inquiétude de mes parents. — Deux pièces de cinq francs. — Les tiroirs de ma commode. — Le service de notre maison. — Le costume de votre ami. — Le soin de vos affaires. — Le bout de chaque doigt. — Les assurances contre l'incendie. — Trois lettres de ma sœur. — Les productions de ton pays. — La couleur de vos habits. — Le détail de cette aventure. — Les plaisirs de la campagne. — La puissance du Créateur. — L'aveu de tes fautes. — Quatre feuillets de ton livre. — Le courage de ce guerrier. — La profondeur de cette rivière. — La reine de ce pays. — Une feuille de mon cahier. — La lettre de ma tante. — Les fleurs de mon jardin. — La cousine de mon ami. — Le portrait de ton père. — Les troupeaux de notre fermier. — La tête du cheval. — Le collier de ma sœur. — Les boutons de mon gilet.

NOM INCOMPLET QUALIFIÉ.

La petite besogne d'un ménage. — Un beau jour de printemps. — Les plaisirs innocents de votre âge. — Un bon père de famille. — Les habits usés de ce vieillard. — Une longue lettre sans signature. — Ton brave chef de brigade. — Ce jeune maître d'études. — Notre bon professeur de latin. — La généreuse protectrice de votre neveu. — Le bonnet neuf de Louise. — La table noire de la pension. — Un grand couvert d'argent. — Une belle robe de mérinos. — Ce grand sabre de bois. — La petite allée du jardin.

NOM COMPLÉTIF QUALIFIÉ.

La main de ce jeune enfant. — Une cafetière en porcelaine dorée. — Une paire de souliers neufs. — Quatre douzaines de belles oranges. — Les infirmités de ce pauvre vieillard. — Une pièce de toile blanche. — L'arrivée d'un prince russe. — Les sentiments d'un bon cœur. — Le départ de vos meilleurs amis. — La santé de votre vieux père. — La paresse de cette jeune fille. — Les blessures de ce brave guerrier. — La récompense de vos nombreux services. — La réponse de votre aimable parente. — Le fils de notre ancienne portière. — La mort de cette jeune femme. — La malice de ce petit garçon. — La douleur de ma bonne mère. — La poche de mon bel habit.

LES DEUX NOMS QUALIFIÉS.

La pieuse résignation de cette femme infortunée. — La mauvaise humeur de cette vieille comtesse. — L'admirable fertilité des pays méridionaux. — L'aimable caractère de son fils adoptif. — Le courage étonnant de ces vieux soldats. — Les dépenses inutiles de ces demoiselles prodigues. — Le doux regard de cette jeune personne. — Les jeux bruyants de cette intéressante jeunesse. — Les ressources immenses d'un peuple généreux. — Les sages conseils de votre vénérable pasteur. — Nos pauvres enfants sans protection puissante. — Un vieux souvenir de mes premières années. — Les longues oreilles de ce gros chien. — La cruelle maladie de mon meilleur ami. — Les bons conseils de cette jeune dame. — Les beaux jours de ma première jeunesse. — Les amis désintéressés de ce négociant malheureux. — L'affreuse figure de ce méchant homme. — La chétive santé de son fils aîné. — Les maîtres sévères de votre cousin négligent. — Le savant professeur de cet écolier paresseux.

Les réponses toujours polies de vos jeunes amies bien élevées. — La reconnaissance si vive de ce vieux serviteur. — Les terres souvent dévastées de ce malheureux pays. — Les suprêmes consolations d'une religion toute divine. — La vie si malheureuse de ma vieille nourrice. — La toilette trop élégante de cette petite fille. — Le plus brave soldat de cette grande armée. — La moins belle rue de cette grande ville. — L'amour véritable d'un Dieu si miséricordieux. — La question trop indiscrète de notre fermière si hardie. — La tardive reconnaissance de personnes souvent obligées. — Les moissons dorées de vos campagnes si fertiles. — La résolution fort étonnante de votre ancien locataire. — La douleur si amère de ce pauvre orphelin. — La plus grande punition de votre élève peu attentif. — Le repentir sincère d'un petit garçon si coupable. — Les vêtements toujours déchirés de ta domestique peu économe.

Le nom complétif est quelquefois lui-même complété par un autre nom.

La courageuse résistance des habitants de cette petite ville. — Un combat à coups de poing. — La longue maladie de ce père de famille. — La juste réclamation de ce chef de bureau. — La puissante protection du frère de notre député. — Les canaux de cette partie de la France. — Une paire de bottines en velours noir. — Deux pots de confiture de groseilles. — Le sublime dévouement du vénérable curé de notre paroisse. — La volonté inébranlable de cet homme sans pitié. — Le prix trop élevé de ces objets de première nécessité — La conduite exemplaire du fils de cette veuve. — Un bâton de cire d'Espagne. — Un morceau de sucre de pomme. — Une feuille de papier de Jeand'heurs. — La pointe de cette aiguille d'acier. — La mauvaise conduite de l'ancien domestique de votre père. — La petite fille du maître de la maison. — L'entrée du bois de mon frère. — Une bouteille de vin de Champagne. — Une caisse en bois de sapin. — Le vrai motif du prompt départ de mon père. — La coupable négligence du chef de cet établissement.

Souvent un infinitif est joint à un nom par une préposition. On l'appelle alors INFINITIF COMPLÉTIF.

L'ordre de paraître. — L'habitude de crier. — Une salle à manger. — Le besoin de dormir. — L'art d'obliger. — Une pierre à aiguiser. — Des pains à cacheter. — L'huile à brûler. — L'espérance de partir bientôt. — Le courage de combattre. — Le besoin de manger. — Le désir d'obliger. — La peur de mourir. — Le soin de travailler. — La table à écrire. — La certitude de guérir. — La permission d'entrer. — L'art de régner. — La crainte de perdre. — Le goût de bâtir. — L'espoir de vivre. — Le dessein de voyager. — Le projet de rester ici.

RÉCAPITULATION.

Quelques nouvelles étoffes trop chères. — Les braves défenseurs de notre belle patrie. — La surveillance si active du maître de la maison. — Les travaux pénibles des habitants de ce pauvre village. — Le nouvel uniforme de la garde nationale. — Plusieurs appartements aussi commodes. — Certaine démarche fort blâmable. — Le beau papier de notre salle à manger. — Toutes les ressources de cette malheureuse famille. — Beaucoup de projets peu raisonnables. — Combien de personnes malades. — Une rame de papier blanc. — Ce cheval noir. — Des cahiers moins soignés. — Un cadre plus grand. — Le fils aîné du maire de cette ville. — Une bonne tarte en prunes mûres. — Les cerises vertes de ce gros arbre. — La fin de mon cahier d'histoire Sainte. — Les vieilles robes de cette pauvre femme. -- Les fauteuils rouges de mon grand salon. -- Beaucoup d'ouvriers sans travail. -- Peu de femmes aussi élégamment vêtues. -- La crainte de mourir. -- Nos anciens voisins si curieux. -- Les cris plaintifs de cette vieille paysanne si souffrante. -- La route de Paris à Strasbourg. -- La fervente prière de ces enfants si pieux. -- Ces deux beaux chevaux si ombrageux.

-- La honteuse ignorance de ce jeune villageois si paresseux. -- La promesse de revenir. -- La coupable négligence de ce vieux berger.

PRONOMS PERSONNELS.

1re *personne du singulier*,		JE, ME, MOI.
2me	*id.*	TU, TE, TOI.
3me	*id.*	IL, ELLE, SE, SOI, LUI.
1re *personne du pluriel*,		NOUS.
2me	*id.*	VOUS.
3me	*id.*	ILS, ELLES, EUX, LEUR, SE.

VERBES.

Il y a plusieurs espèces de Verbes:

Premièrement: *Le verbe* ÊTRE, *qui est le seul de son espèce.*

Secondement: *Les verbes* ACTIFS.

Troisièmement: *Les verbes* NEUTRES.

Un verbe ACTIF *est celui après lequel on peut mettre immédiatement* QUELQU'UN *ou* QUELQUE CHOSE. *Ainsi*, AIMER, *est un verbe actif, parce qu'on peut dire* J'AIME QUELQU'UN, J'AIME QUELQUE CHOSE.

Un verbe NEUTRE *est celui après lequel on ne peut pas mettre immédiatement* QUELQU'UN *ou* QUELQUE CHOSE. *Ainsi*, DORMIR *est un verbe neutre, parce qu'on ne peut pas dire* JE DORS QUELQU'UN, JE DORS QUELQUE CHOSE.

PROPOSITION.

Les mots nécessaires pour exprimer une pensée forment une PROPOSITION.

Il y a une PROPOSITION *toutes les fois qu'il y a un* VERBE *à un mode personnel.*

Dans une proposition on cherche d'abord le SUJET *du verbe. — Le* SUJET *est le mot qui répond à la question* QUI EST-CE QUI, *faite sur le verbe.*

Après avoir trouvé le sujet, on examine l'espèce du verbe.

Après le verbe ÊTRE, *on cherche ordinairement l'*ATTRIBUT.

L'ATTRIBUT *est un adjectif qualificatif, placé après le verbe, et qui exprime comment est le sujet.*

Le verbe s'accorde en NOMBRE *et en* PERSONNE *avec son sujet. Le verbe qui a pour sujet un nom singulier est à la troisième personne du singulier. Un verbe qui a pour sujet un nom pluriel, est à la troisième personne du pluriel.*

Jules est triste. -- Marie sera obéissante. -- Maurice était gourmand. -- Tu es contrariant. --- Nous serons soigneux. -- Léon fut orgueilleux. -- Je suis malade. -- Il était avare. -- Louise sera satisfaite. -- Elles étaient obligeantes. — Mathilde est franche. — Ils étaient absents. — Aline fut menteuse. — Vous fûtes prodigues. — Elle sera effrayée. — Alfred est bavard. — Madeleine est sourde. — Tu seras polie. — Elle était souffrante. — Tu seras bonne. — Il est triste. — Nous fûmes étonnés. — Elle sera malheureuse. — Nous étions gais. — Tu serais puni. — Il est riche. — Vous étiez pauvre. — Tu es vif. — Elle est lente.

SUJET DÉTERMINÉ.

Le froid est rigoureux. — Cette aventure est fâcheuse. — Sa conduite fut généreuse. — Tes quatre oiseaux sont morts. — Mes parents étaient pauvres. — Tes deux voituriers furent blessés. — Tous vos ouvriers sont mécontents. — Cette fièvre est dangereuse. — Sa foi était vive. — Notre père était économe. — Quelques fruits sont mûrs. — Ce passage est étroit. — Ta sœur était gaie. — Plusieurs marchands furent ruinés. — Beaucoup de plumes sont mauvaises. — Tes prières seront exaucées. — Quelques maisons seront démolies. — Combien de soldats furent blessés. — Votre repentir était sincère. — Le maître est mécontent. — Ces marchands étaient complaisants. — Ma chambre est propre. — Cette assiette est cassée.

SUJET DÉTERMINÉ ET QUALIFIÉ.

Ce jeune professeur était sévère. -- Notre pauvre jardinier est désolé. -- Tous vos vieux meubles sont vendus. -- Vos souliers neufs étaient courts. -- Ce gros loup est tué. -- Ces riches laboureurs sont heureux. -- Ton sage conseil sera suivi. -- Notre ancien vigneron était actif. -- Ce petit tabouret est solide. -- Cette belle guirlande était fraîche. -- Quatre vieux arbres seront coupés. -- Votre vilain chat est insupportable. -- Vos amandes sèches sont bonnes.

SUJET DÉTERMINÉ, QUALIFIÉ, ET L'ADJECTIF MODIFIÉ.

Cet ouvrier trop négligent fut renvoyé. -- Votre nièce si aimable était triste. -- Une conscience toujours pure est tranquille. -- Ces gens peu riches sont charitables. -- Une fermière moins âgée serait préférable. -- Ce garçon vraiment paresseux est ignorant. -- Ces raisins presque mûrs sont bons. -- Beaucoup de familles fort nombreuses sont pauvres. -- Une promenade trop longue est fatigante. -- Cette écriture assez soignée était lisible.

RÉCAPITULATION.

Ma vieille amie était malade. -- Des ouvriers sans ouvrage. --- Cet homme sans pitié était riche. — Une prière bien fervente. -- Ta maison. -- Ce chien si fidèle fut tué. — Ma bonne si complaisante est partie. — Quels vieux livres. -- Certaine personne fort curieuse fut trompée. — Ils seront arrivés. — Cette belle image était perdue. — Un canal profond. — Le caractère trop vif de cette petite fille turbulente. — Un rhume de cerveau. — Un vieillard asthmatique. -- Un pauvre garçon sans argent. -- Un mal de gorge. — Un vent affreux. — Je suis heureuse. — Votre amie intime est fort légère. — Ce vieux cheval sera fatigué. — Nous sommes mécontents. — Une faible somme est nécessaire. — La poudre de chasse. — Le besoin de prier. — L'habitude de mentir est abominable. — Tu fus fort mécontent. -- Notre pauvre vieille mère fut bien malade.

NOM COMPLÉTÉ, SUJET.

La surprise de votre mère fut grande. — Les souffrances continuelles du fils aîné de votre voisin sont horribles. -- Le visage de votre père était riant. -- La maîtresse de la maison est absente. -- Sa pension de retraite était forte. -- L'eau de cette fontaine est bonne. -- Les bienfaits de Dieu sont innombrables. -- L'humeur de cet enfant est insupportable. -- La boisson de ta mère est prête. -- Les cris de ce pauvre homme sont effrayants. -- L'entêtement de ton ami est insupportable. --- La chaleur de ce climat est brûlante. ---La coiffure de ta cousine est ridicule. --La douceur du caractère de Louis est admirable. --- Une conduite sans faiblesse sera honorable. --- Des détails positifs sur cet événement sont nécessaires. --- Le désir de travailler est louable. --- Les habitants de cette maison de campagne sont généreux. --- Le pénible devoir de ce père de famille fut rempli. --- Les faibles ressources de ces braves gens étaient épuisées. --- Les fautes de cet enfant en bas âge étaient légères. --- Les vifs regrets de votre amie étaient sincères.

ATTRIBUT MODIFIÉ.

Cette femme si indolente n'est jamais prête. --- Le sourire moqueur de votre voisine est très-impertinent. -- Ta poupée neuve fut bientôt brisée. -- Mon maître est toujours gai. -- Les mains de Marie ne sont pas propres. -- Ton petit frère n'est plus malade. -- Le regard de cette demoiselle est bien doux. -- Les souvenirs de tes sœurs étaient fort tristes. -- Mes livres de prières ne sont jamais égarés. -- Cette plume est trop dure. -- Ce respectable vieillard fut indignement traité. -- Cet accès de fièvre fut très-violent. -- Le mensonge est toujours blâmable. -- Sa crainte de mourir est bien visible. -- Des questions si indiscrètes sont fort étonnantes. -- Ces mauvaises marchandises seront vendues ailleurs. -- Cette proposition fut généralement adoptée. -- Ce sentier était alors impraticable. -- Ce désir était fort naturel. -- Les meilleurs fruits du verger de mon oncle sont déjà vendus -- Le regard de ce pauvre enfant était bien expressif. -- Beaucoup de précautions étaient encore nécessaires. -- Ces objets si chers sont rarement utiles. -- Cette lettre sans signature est fort mal écrite. -- Les devoirs de votre ami sont mieux faits. -- Les manières de cette jeune fille sont fort distinguées. -- L'espoir de réussir est maintenant détruit. -- Les plus petits arbres de notre verger étaient déjà verts. --- L'infidèle dépositaire de votre précieuse cassette ne fut pas long-temps heureux. -- Les calculs de votre sœur sont parfaitement exacts.

RÉCAPITULATION.

Les regrets tardifs de cette femme imprudente. — Le petit écureuil de ton ami est peut-être mort. --- Plusieurs dames fort élégamment vêtues. --- Quelques dépenses inutiles seront probablement supprimées. --- Des devoirs beaucoup mieux écrits. --- La réponse spirituelle de cette jeune fille ordinairement si timide. --- Vos dernières ressources furent bientôt épuisées. --- Le récit véridique de cet étranger malheureux. --- Son dessein de partir est maintenant connu. --- Le courage extraordinaire du fils aîné de cette pauvre veuve. -- La fille adoptive de ce riche propriétaire est dangereusement malade. --- Les sons mélodieux de ce nouvel instrument. -- Mes quatre plus beaux rosiers sont peut-être gelés. --- Ces crimes affreux furent promptement découverts. --- Votre chien de chasse est trop vieux. --- Les faibles cris de ces enfants ne furent pas entendus. --- Les continuelles souffrances de ces femmes si malheureuses. --- La fortune de ces négociants est considérable.

COMPLÉMENT DIRECT.

VERBES ACTIFS.

Le Verbe actif est ordinairement suivi d'un complément direct.

Le COMPLÉMENT DIRECT *est le mot qui répond à la question* QUI *ou* QUOI *faite sur le verbe.*

COMPLÉMENT DIRECT DÉTERMINÉ.

Ce voyageur oublia sa bourse. -- Ce laboureur cultive ses champs. -- La neige couvrait la terre. -- La petite fille refusa ses offres. -- Louise sentit tout son tort. -- L'hiver ramène les plaisirs. -- Ces personnes riches secoururent cette famille. -- La religion adoucit toutes les douleurs. -- Mes souffrances inquiètent ma mère. -- Nos conducteurs relevèrent la voiture. -- Les ouvriers appellent votre frère. -- Cet enfant avoua ses fautes. -- Ton ami achettera un jardin. -- Vous chercherez votre livre. -- Ils planteront cent peupliers. -- Tu paieras tes dettes. — Elle soignait cette fermière. -- Une grande foule attendait le Sauveur. -- Ce malheur désole nos parents.

COMPLÉMENT DIRECT DÉTERMINÉ ET QUALIFIÉ, VERBE MODIFIÉ.

Le père de Joseph remercia poliment ce brave homme. -- Cette vieille gouvernante soigna très-bien ma fille aînée. -- Votre ami désintéressé refusa aussitôt cette place avantageuse. -- Ces pêcheurs prirent hier trois gros brochets. -- Cette ouvrière achèvera demain ma pélerine ouatée. -- Un menuisier adroit démontera facilement mon vieux secrétaire. — Les lapins de votre jardinier abiment souvent mes arbres fruitiers. -- Ton souvenir préoccupait souvent ma pauvre mère. -- Nous connaissons peu votre jeune protecteur. -- Ils n'oublieront pas vos conseils salutaires. -- Vous réciterez distinctement cette jolie fable. -- Jules aime beaucoup ses excellents parents. -- Votre servante acheva promptement cet ouvrage difficile. -- Ces deux jolis enfants saluèrent gracieusement ce vieux monsieur.

RÉCAPITULATION.

Ce morceau de pain noir est trop dur. — Cet événement n'altéra point la gaîté de son humeur. — Ils contractèrent peu à peu ces funestes habitudes. — La position affreuse de ce père de famille. -- Ces trois étrangers étaient profondément tristes. -- Votre petite nièce refuse obstinément les livres de sa cousine. — Les blessures de ce général ne sont pas mortelles. — Les plus beaux meubles du salon de votre tante. -- Le fils de cette riche anglaise est fort instruit. -- Le portrait si ressemblant de votre généreuse bienfaitrice. -- Nous accomplirons ce pénible sacrifice. -- Cet homme respectable quittera bientôt notre pays. -- Cette nombreuse famille habitait volontiers la campagne. -- Le domestique attellera mon meilleur cheval. -- Une douzaine d'alouettes bien fraîches. -- Cette nouvelle imprévue augmenta notre inquiétude. --

Ces deux jeunes gens étaient inséparables. -- Elles conservèrent long-temps ces objets utiles. -- Le ciel exauça son ardente prière.

COMPLÉMENT DIRECT DÉTERMINÉ, QUALIFIÉ, ET L'ADJECTIF MODIFIÉ.

Ces paysans laborieux cultivent des terres assez fertiles. -- Ta tante perdit sa fortune tout entière. -- Notre bon pasteur instruisait les plus pauvres enfants. -- Emile lira volontiers ces ouvrages si instructifs. -- Tu cueillis des fruits trop verts. -- Je ferai une promenade fort longue. -- Cet étranger cherche un appartement plus vaste. -- Charles fréquentait une société moins agréable. -- Elle ouvrit une armoire fort mal rangée. -- Ce marchand conserva long-temps ses étoffes si chères. -- Le médecin ordonna une tisane moins amère. -- Le domestique éteindra ce feu trop ardent. -- Vous copierez cette lettre mal écrite. -- Nos cousines obtinrent cette permission tant désirée. -- Votre compagnon portera ce panier fort lourd.

NOM COMPLÉTÉ, COMPLÉMENT DIRECT.

Agathe ramassa le bouquet de cette dame. --- Je versai un torrent de larmes. -- Tu garderas une bouteille de sirop. -- Mon cordonnier apporta des souliers en satin noir. --- Vous reconduirez la fille de cette dame. --- Ces paroles effrayèrent les complices de ce voleur. --- Cet officier exécuta les ordres sévères du général. --- Le mensonge souille les lèvres de ton fils. --- La vertu excite l'admiration de tout le monde. -- J'aperçois le clocher de l'église de mon village. --- Nous conserverons une partie de la maison de mon père.—Le ministre de la guerre ordonne le départ d'une nombreuse armée. --- Tu prépareras la toilette de cette demoiselle.

RÉCAPITULATION.

Une douce espérance éclairait son pâle visage. --- Le frère de ce riche banquier est dangereusement malade. — L'ordre admirable de l'univers prouve la puissance de Dieu. --- Cette pieuse cérémonie attira un grand nombre d'étrangers. --- La santé de mon frère est bien délicate. --

Je ne quitterai jamais ma vieille protectrice. — Cette cire à cacheter est fort mauvaise. — Il était excessivement triste. — Votre conduite si imprudente est généralement blâmée. — L'attention continuelle de vos élèves fort dociles. — Les plus beaux fruits du jardin de ma cousine. — La preuve évidente de votre indiscrétion. — Dix feuilles de papier glacé. — Elle cueillit les plus belles fleurs de mon parterre. — L'espoir de guérir. — Hermance avoua franchement ses torts. — Le chef de cet établissement dissimule habilement ses craintes. — Ce brave militaire reçut la croix d'honneur. — Les espiègleries de ton petit neveu. — Cette réponse peu polie offensa vivement ce vieillard respectable. — Les prières de ma fille seront peut-être exaucées. — Elle invitera les personnes les plus distinguées de la ville voisine. — Ton jardinier si curieux était tout confus. — Les promenades publiques étaient souvent désertes. — Ma dernière leçon n'était pas difficile. — Je forme le projet de partir. — Nous allumerons bientôt un bon feu. — Les habitants de ce petit hameau demandent des secours. — Ce coup de tonnerre effraya les enfants de notre vigneron. — La fortune de ce négociant est considérable. — Jenny trouva hier une paire de beaux gants en filet.

COMPLÉMENT INDIRECT.

Le complément indirect est le mot qui répond à la question QUI *ou* QUOI *faite sur le verbe avec une préposition.*

Le complément indirect se place ordinairement après le verbe neutre, après l'attribut, ou après le complément direct.

Le complément indirect est joint au verbe ou à l'attribut par une préposition.

VERBES NEUTRES.

Il monta lestement sur cette échelle. — Mon frère tomba dans l'eau. — Nos chiens couraient après un lièvre. — La voiture partira avant deux heures. — Le maître de la maison sortit alors avec un jeune voyageur. — Ma sœur parlait à ce pauvre vieillard. — Ce maçon travaille pour nous. — Notre cordonnier complaisant viendra dans un quart d'heure. — Le voleur disparut derrière la muraille du jardin. — Des bienfaiteurs inconnus vinrent à notre secours. — Ces deux petits garçons jouent fort tranquillement dans la cour. — Je courrai après votre domestique. — Vous entrerez dans la maison de cette vieille femme. — Tu voyageras peut-être avec moi. — Ils ne partiront pas sans toi. — Je dormais paisiblement dans ce fauteuil. — Les chefs de l'établissement vivaient avec beaucoup d'économie. — Ils consentiront volontiers à ce nouvel arrangement. — Les ennemis parurent bientôt à la frontière. — Tu souriais à chaque instant. — Ces fruits ne mûrissaient pas dans notre propriété. — Cet écrivain célèbre naquit à Paris. — Notre divin Sauveur mourut sur la croix. — Ce malheureux bûcheron demeure à l'entrée du village.

COMPLÉMENT INDIRECT APRÈS L'ATTRIBUT.

Ce méchant gouverneur ne fut pas sensible à la douleur de cette pauvre famille. — Ce fleuve est navigable pendant une partie de l'année. — La santé est préférable à la fortune. — L'homme est sujet à la mort. — Tu ne seras jamais malhonnête envers les domestiques. — Nous sommes surprises de cette décision. — Vos frères si curieux furent trompés dans leur attente. — La présence de notre mère est fort utile dans ce moment pénible. — Ce vénérable pasteur est aimé de tous ses paroissiens. — Je suis heureux de votre bonheur. — Les arbres de notre jardin sont fleuris depuis plusieurs jours. — Marie est toujours fort complaisante pour moi. — Goliath fut tué par David. — La patience de Job fut enfin couronnée par un triomphe éclatant. — Daniel fut précipité dans la fosse aux lions. — Notre domestique n'est pas coupable d'un tel crime. — Votre vieux parent sera peut-être inquiet pendant votre absence. — Je suis fort tranquille sous ce berceau. — Cet homme est aveugle depuis deux ans. — La misère est affreuse dans le nord de ce pays. — L'Amérique fut découverte par Christophe Colomb. — Le manteau de Laure est trop court pour toi. — La santé de ma sœur fut bien mauvaise pendant notre voyage. — Elle est fort studieuse depuis quelques jours. — Il était misérable depuis le départ de son fils. -- Le propriétaire de ce château est ordinairement fort polie envers les paysans.

COMPLÉMENT INDIRECT PLACÉ APRÈS LE COMPLÉMENT DIRECT.

Cette petite fille pieuse disait ses prières avec la plus grande attention. -- Tu attendras ton frère sur la route. -- Nous cachâmes notre cassette dans cette vieille armoire. -- Il prépara quelques petits volumes pour le fils de notre fermier. -- Dieu mit l'obéissance d'Abraham à une rude épreuve. -- Elle soignait sa mère avec la plus grande tendresse. -- Je soulevai ce fardeau avec beaucoup de peine. -- Henriette donna un gros morceau de pain à ce pauvre petit savoyard. -- Cette jeune fille priait souvent Dieu pour ses parents. -- Une voix bien connue tira ma sœur de cette rêverie profonde. -- Tu porteras demain ma malle au bureau des messageries. -- Il étudiera ses leçons avant l'arrivée de ses amis. -- Jésus accomplit son premier miracle aux noces de Cana. --- Le départ de ce jeune homme causa une grande douleur dans sa famille. --- Frédéric avait suivi les soldats dans cette prairie. --- Nos tantes habiteront cette maison de campagne pendant la belle saison.

Le verbe actif, le verbe neutre et l'attribut peuvent avoir plusieurs compléments indirects.

Nous partirons problement pour Paris à la fin du mois prochain. -- Vous remettrez cette lettre à mon notaire avant l'arrivée de ces messieurs. -- Ses maîtres étaient fort contents de lui depuis quelques mois. -- Nous arrivâmes pendant la nuit au château de cette vieille dame. -- Tu pries Dieu avec la plus grande ferveur pour ta mère si dangereusement malade. -- Louise monta avec grand plaisir dans cette superbe calèche. -- La famine est affreuse dans ce pays depuis le commencement de l'hiver. -- Je serai toujours docile à votre volonté pendant votre absence. -- Les propriétaires de cette maison iront à la campagne avec leurs amis pendant une partie de l'été. -- L'Evangile parle très-peu de la vie de Jésus-Christ jusqu'à son baptême. --- Abraham établit ses tentes sur une montagne près de Béthel. -- Deux larrons furent crucifiés à côté de Jésus sur la montagne du Calvaire. -- Vous n'écrirez pas cette lettre à ce négociant malgré la volonté de votre père. -- Ils étaient coupables de bien des injustices envers ce brave homme. -- Cette fille répond à ses maîtres avec un ton fort impertinent. --- Alfred étudia ses leçons avec beaucoup de zèle pendant une grande partie de l'année.

RÉCAPITULATION.

Colin devait le jour à un pauvre laboureur de ce village. -- Je remerciai mes bienfaiteurs avec la plus vive reconnaissance. --- Ce vieux soldat passa les dernières années de sa vie dans la partie septentrionale de l'Angleterre. -- Le petit chien mordit la jambe du voleur avec une force étonnante. --- Elle fut dangereusement malade pendant plusieurs semaines malgré les soins des plus habiles médecins. --- Nous n'accusâmes pas notre sœur aînée de cette fatale indiscrétion. --- Nous nageâmes avec beaucoup de vigueur derrière le vaisseau. --- Nos amis les plus dévoués vinrent à notre secours dans cette circonstance si difficile. --- Abraham accompagna les étrangers jusqu'aux portes de Sodôme. -- Une pluie de feu tomba du ciel sur ces villes perverses. --- Les prédictions de Jean firent alors beaucoup de bruit dans le pays. -- Votre généreuse bienfaitrice mourut dans cette ville après une courte maladie. --- La douleur de cette pauvre femme excite la pitié de tous les passants depuis plus de deux heures. -- Tu allumeras maintenant moins de feu dans ma chambre pendant la matinée. -- Nous serons revenues de la vigne avant l'heure de votre dîner. --- Ta sœur conduira peu de personnes avec elle au premier concert de la société philharmonique. --- Rébecca partit avec Eliézer pour le pays de Chanaan. --- Jésus fut baptisé par Jean-Baptiste dans les eaux du Jourdain. -- Samuel répandit une petite fiole d'huile sur la tête de Saül. --- Il refusa cette permission à son fils malgré nos instantes prières. -- Le ciel n'abandonne jamais les honnêtes gens dans leurs afflictions.

PRONOMS INDÉFINIS.

Les mots suivants sont nommés PRONOMS INDÉFINIS : ON, QUELQU'UN, CHACUN, QUICONQUE, AUTRUI, PERSONNE, TOUT, RIEN.

Comme tous les autres pronoms, le pronom indéfini est sujet du verbe, complément direct, complément indirect, ou pronom complétif.

Le verbe qui a pour sujet un pronom indéfini, doit être à la troisième personne du singulier.

On parle trop haut dans la chambre voisine. -- Quelqu'un vient vers nous. --- Chacun prit gaîment son parti. -- Personne n'accompagnera ces dames pendant ce voyage. -- Tout prouva l'innocence de votre ancien serviteur. --- Rien ne plaît à cette demoiselle. --- Vous ne prendrez jamais le bien d'autrui. --- Chacun donnera son avis. -- Je ne confierai ce secret à personne. --- On remit hier ce paquet au commissionnaire de Ligny. --- Tous ces objets ne servent à rien. -- Il ne laisse rien dans ma bourse. -- Nous attendons quelqu'un pendant la soirée. -- Personne ne fut insensible à la douleur de ces deux pauvres orphelins. --- Emma chargea quelqu'un de cette commission difficile. --- Tu donneras un petit livre à chacun de tes amis. -- Notre gouvernante raconta tout à ma cousine malgré votre défense. -- Rien ne changera la résolution de cette femme si malheureuse.

INVERSION.

Les différentes parties d'une proposition doivent être placées dans cet ordre :

Sujet, verbe être, attribut, complément indirect.

Sujet, verbe actif, complément direct, complément indirect.

Sujet, verbe neutre, complément indirect.

Le nom complétif doit suivre le nom incomplet. L'adverbe doit être placé après le verbe.

La proposition dont les parties sont ainsi placées, se nomme PROPOSITION DIRECTE ; *on appelle* PROPOSITION INVERSE *celle dont une ou plusieurs des parties ne sont point à leur place.*

Faire la construction d'une proposition, c'est remettre chaque partie à sa place.

Il faut toujours faire la construction d'une proposition inverse avant d'en faire l'analyse logique.

INVERSION DU SUJET.

Connaît-il maintenant ses parents? -- Alors parurent ces deux étrangers. -- Ainsi parla ce pauvre vieillard. -- Arriverons-nous avant huit heures? -- Approuvez-vous notre nouveau projet? -- Accompagneras-tu ta mère dans ce voyage? -- Répareras-tu bientôt cette maison? -- Bientôt cessèrent les craintes de votre famille. -- Conserverez-vous une partie de ce terrain? -- Termineront-ils demain ce travail important? -- Chargeront-elles Louise de leurs commissions? -- Aussitôt accoururent les héritiers de ce brave homme.

INVERSION DU COMPLÉMENT DIRECT.

Ma vieille tante me prit dans ses bras. --- Je vous récompenserai de votre application. --- On vous rencontra dans ce lieu écarté. --- Vous me laissâtes sous ce grand tilleul. --- Ce bon curé nous instruisait de tous nos devoirs. --- Le chef de l'établissement vous excitait au bien par ses exemples. --- Le fils de notre fermier te conduira jusqu'à la route. --- Le courage de ce jeune officier ne nous surprend pas. --- Votre cousine peu obligeante ne vous prévint pas de cet événement. --- Les questions indiscrètes de ce monsieur nous embarrassent beaucoup.---Le départ de nos meilleurs amis nous affligea vivement. --- Je vous aime de tout mon cœur.

INVERSION DU COMPLÉMENT INDIRECT.

Pendant cette triste cérémonie, nous restâmes près de votre sœur. --- Malgré votre défense, on emmena les enfants. --- Sans notre consentement, vous fîtes des réparations peu urgentes dans notre maison. --- Dans cette entreprise, nous perdîmes une partie de notre fortune. --- Par vos caresses, vous calmerez le désespoir de cette jeune fille. --- A mon arrivée, chacun témoigna une grande surprise. --- Sans votre protection, je n'obtiendrais pas cet emploi. --- Dans ce magasin, tu trouveras probablement des étoffes plus nouvelles. --- A mon retour, je fis quelques observations à ces demoiselles peu prudentes. --- Chez cette vieille ferme, tout annonçait la plus grande misère. --- En moins de deux heures, tous nos préparatifs furent terminés. --- Depuis quinze jours, nous sommes fort satisfaites de votre travail. --- Au même instant, nous aperçûmes votre voiture.

INVERSION DU NOM COMPLÉTIF.

De ton village apercevrons-nous bientôt le clocher? --- De votre mère prévoyez-vous le profond chagrin?--- De ce départ précipité devinez-vous le vrai motif? --- De ce funeste accident on ignore encore la véritable cause. --- De ces voyageurs la mort fut bien affreuse. --- De cet événement nous gardâmes long-temps le souvenir. --- De cette démarche chacun craignait le résultat. --- De votre voyage je ne comprends par la nécessité.

INVERSION DE PLUSIEURS COMPLÉMENTS.

Pendant l'été, l'eau ne nous manquait jamais. --- Au milieu du parterre de Louise, brillait, dans tout son éclat, un lis d'une blancheur éblouissante. --- Au fond de la Bretagne, au milieu d'une épaisse forêt, à trois lieues du petit hameau de Romilly, s'élève un antique manoir. --- Malgré votre défense, on fit, pendant l'hiver, plusieurs voyages en Normandie. --- En notre présence, tu avoueras franchement à ta mère la cause de ton chagrin.

RÉCAPITULATION.

Au même instant, survint un autre chasseur avec deux domestiques. --- Pharaon confia à Joseph l'administration de toute l'Egypte. --- Soudain parurent, dans Jérusalem, des mages d'un rang distingué. --- Ainsi périt ce célèbre général carthaginois. --- Leur père se retira dans un pavillon avec le maître du jardin. --- Après le repas, ils se promenèrent à l'entrée du bois. --- Naguère vivait, dans ce château, une princesse de la famille royale. --- Quelqu'un te remit une lettre pour ton vieux oncle. --- Dans le même instant, cette dame arriva chez moi avec sa fille aînée. --- Tu lui porteras demain les plus beaux fruits de notre verger. --- Au moment de la mort de Jésus, les ténèbres couvrirent tout à coup la terre. --- Le convoi de cet homme généralement estimé. --- Des devoirs rarement aussi difficiles. --- Malgré l'orage, nous arrivâmes à la ville avant le départ du commissionnaire. --- A dix heures du matin, il s'achemina vers notre maison. --- Depuis la mort de son frère, Léon habite avec nous une très-jolie maison de campagne. --- A ces mots, toute l'assemblée se dispersa. --- Sans le malheur, je ne connaîtrais pas toute votre tendresse. --- Dès l'aurore, les vendangeurs se mirent à l'ouvrage. --- Ce petit garçon me demanda poliment son chemin.---Alors se termina cette pénible discussion. --- Ici s'arrêtèrent les voyageurs après une longue marche.-- Après cet événement, les amis de ce brave homme s'éloignèrent peu à peu. --- A la muraille étaient suspendues toutes les armes de cet illustre guerrier. --- Pendant ton absence, je fis, avec eux, un marché fort avantageux. --- Dans notre petite course à travers la forêt, nous observâmes, avec attention, une grande quantité de plantes. --- Depuis quelques semaines, ta voisine se crée des occupations utiles. --- Dieu exigea d'Abraham le plus douloureux sacrifice. --- Par cette inondation, l'espérance de toute récolte fut détruite. --- Après cette explication, Louis, de votre conduite reconnut toute la sagesse. --- Dès le commencement du printemps, les hirondelles reviennent dans nos climats. --- Après une nuit extrêmement orageuse, Richard alla dès le matin dans les champs. -- Depuis ce moment, les enfants de notre fermier vécurent en bonne intelligence. -- Pendant une charmante matinée du mois de mai, Georges entendit, pour la première fois de sa vie, le chant monotone du coucou. -- Soudain à mes yeux, se présenta une mère éplorée. -- Annibal jura, dès l'âge de neuf ans, une haine éternelle à Rome. -- Les folles dépenses de cette femme autrefois si économe. --- La certitude de réussir bientôt. -- Pendant une nuit obscure, il s'évada par la fenêtre de sa chambre. -- Toujours à mon réveil, j'élève vers le ciel ma première pensée. -- Pendant ce temps, je me préparai une superbe toilette. -- A ces mots, s'éleva une vive discussion parmi les héritiers de ce brave homme. --- De votre conseil on apprécie maintenant toute la sagesse. -- Ton père éprouve, depuis plusieurs jours, des maux de tête très-violents. -- Dans une pauvre étable naquit, à Bethléem, le Sauveur du genre humain. --- De ma destinée je remets le soin à la divine Providence. --- De tes méchants voisins tu éviteras toujours la dangereuse société.

VERBE ÊTRE.

Le verbe ÊTRE *est quelquefois suivi d'un complément direct, ou d'un complément indirect.*

Il était l'ami de mon frère. — Mes livres sont sur votre bureau. — Cette jeune dame est ma parente. — Pendant mon absence, tu seras la maîtresse de la maison. — Le lion est un animal féroce. — Ces deux ouvriers sont presque toujours chez notre voisin. — Depuis une heure, Amélie est au jardin avec sa gouvernante. — Une noble pitié n'est pas une faiblesse. — La crainte de Dieu est le commencement de la sagesse. — Elle était à l'église avant huit heures. — Louise sera la marraine de cette petite fille. — Ce prince était le plus proche parent du dernier roi. — Tous les domestiques sont dans la vigne. — Il fut le protecteur des malheureux. — Nous ne sommes pas les propriétaires de ce petit bois. — Ernest est sur le balcon avec le fils de votre commis. — La reconnaissance est la mémoire du cœur. — Ce malheur était sans remède. — La prospérité des méchants n'est pas de longue durée. — Nous fûmes de votre avis.

INFINITIF.

Le présent de l'infinitif peut être employé comme sujet, comme complément direct, ou comme complément indirect.

Si le présent de l'infinitif est précédé ou suivi d'un complément direct, ou d'un complément indirect, on le nomme INFINITIF COMPLÉTÉ

Terminer promptement mes affaires était mon plus vif désir. — Il veut partir avec vous. — Il va à la ville voisine pour chercher un médecin. — Tu es bien heureuse de demeurer ici. — Vous plaire était mon seul désir. — Mourir pour sa patrie n'est pas un triste sort. — Ton père croyait obtenir cette place. — Elle se décide à me confier ses chagrins. — Ce pauvre homme ne saura pas se défendre. — On nous engagea beaucoup à accepter cette proposition. — Ces ouvriers viennent ici pour demander leur argent. — Ce jeune homme espère remplacer mon cousin. — Un domestique entra ici pour me prévenir de votre arrivée. — Pardonner est digne d'un grand cœur. — Mon oncle te donna dix francs pour acheter cet objet.

L'infinitif, employé comme complément direct, est quelquefois précédé d'une préposition.

Il craint de perdre son emploi. — Le Seigneur ordonna à Moïse de retourner en Egypte. — Ces paysans aiment de travailler pour vous. — Elles essaient de faire cet ouvrage. — Nos arbres commencent à se couvrir de fleurs. — Vous tâcherez de contenter vos maîtres. — Tu t'étais proposé de leur offrir un asile.

RÉCAPITULATION.

Le pape saisit ce moment pour poser la couronne sur la tête de Charlemagne. — Quelqu'un nous promit de payer cette somme. — Josué envoya des émissaires pour reconnaître la ville de Jéricho. — Il mourut sans témoigner le moindre repentir. — Plusieurs médecins célèbres lui conseillèrent de passer l'hiver en Italie. — L'esclavage le plus affreux serait préférable à notre sort. — Travailler pour vous était mon plus grand plaisir. — Dans cette circonstance, votre famille refusa de me prêter son appui. — L'honneur est la récompense des belles actions. — Loth s'établit sur les rives du Jourdain, près de Ségor, dans un pays très-fertile. — Joseph feignit de prendre ses frères pour des espions. — Dieu ordonna à Abraham de quitter son pays. — Après sept années fertiles, toute la terre fut désolée par une grande disette. — Dieu condamna le peuple d'Israël à errer pendant quarante ans dans le désert. — Les Philistins voulurent surprendre Samson dans la ville de Gaza. — Cette faute est difficile à réparer. — Après trois jours de marche, cette foule fatiguée se plaignit de manquer de vivres. — Je ne vous reconduirai pas avant d'étudier mes leçons. — Pour sauver cet enfant, votre fils s'exposa à un grand danger. — Ta sœur se chargea de remettre cette lettre à ce négociant. — On doit toujours soigner son ouvrage. — Avant de vendre ce diamant, j'épuisai toutes mes ressources. — Tous les habitants de Jérusalem accouraient pour écouter Saint-Jean-Baptiste. — Cette faible somme servira à soulager une pauvre famille. — Ce paysan vint ici pour nous avertir de cet événement. — Vous ferez tous vos efforts pour contenter votre professeur. — Tu prieras ton père de m'accorder cette permission. — Pour éviter la mort, ils furent obligés de se retirer en pays étranger. — Le Sauveur aimait à bénir les enfants.

CONJONCTIONS.

La conjonction est un mot invariable qui sert à lier les propositions, ou les parties de propositions.

Les conjonctions les plus usitées sont :

Et.	Donc.	Puisque.	Afin que.
Mais.	Comme.	Lorsque.	Bien que.
Ni.	Pourquoi.	Parce que.	De crainte que.
Ou.	Quand.	Aussitôt que.	Pourvu que.
Car.	Pourtant.	Depuis que.	De peur que.
Or.	Néanmoins.	Pendant que.	A moins que.
Si.	Cependant.	Tandis que.	En cas que.
Que.	Comment.	Dès que.	Au cas que.
Soit.	Au reste.	Quoique.	Supposé que.
Puis.	Du reste.	Jusqu'à ce que.	De sorte que.
Aussi.	Au moins.	Avant que.	De manière que.
Ainsi.	Du moins.	Pour que.	En sorte que.
Sinon.	Par conséquent.	Sans que.	De façon que.

Il y a, dans une phrase, autant de propositions qu'il y a de verbes à un mode personnel.

Il y a deux espèces de propositions : la PRINCIPALE *et l'*INCIDENTE.

La proposition PRINCIPALE *est ordinairement celle qui exprime la principale idée. Elle ne commence ni par un pronom relatif conjonctif, ni par une autre conjonction que* ET, MAIS, NI, OU.

La première proposition principale énoncée se nomme PRINCIPALE ABSOLUE; *les autres propositions principales sont* RELATIVES.

La proposition INCIDENTE *sert à compléter la signification de l'une des parties d'une autre proposition. Elle commence toujours par un pronom relatif conjonctif ou par une conjonction. Une proposition est quelquefois employée comme complément.*

Cette jeune fille perdit de bonne heure ses parents ; mais une dame charitable se chargea de son éducation. — Vous étiez hier chez moi quand je remis à ce domestique les lettres de notre protecteur. — Thomas n'était pas instruit de mes volontés lorsqu'il apporta l'écureuil. — Vous ne vous ennuierez jamais si vous aimez l'étude. — Tu sais que je me fie toujours à toi. — Votre sœur sort dès le matin quoiqu'elle soit malade. — Nous ne sortirons point de la maison avant que nous soyons sûres de l'arrivée de notre tante. — Absalon, dans sa fuite, passa sous un grand arbre fort touffu, et sa chevelure s'accrocha dans les branches. — On désire que tu ne parles pas de notre projet à ta cousine, avant que nous ayons la certitude de réussir. — Je souhaite que vos parents soient heureux. — On dit que l'hiver sera fort triste pour les malheureux ouvriers ; on craint qu'ils n'aient pas assez d'ouvrage. — Mardochée annonça à Esther la ruine des Juifs, et il voulut qu'elle parlât au roi en leur faveur. — Vous auriez moins de peine, si vous acceptiez les offres obligeantes de votre voisine. — Le fils de cet inspecteur souhaite que tu ailles souvent chez lui. — Son père soupçonna dans ce récit un peu de mensonge ; mais il cacha son mécontentement, et il alla aussitôt chez le fermier. — Dieu veut que nous aimions notre prochain. — Je vous rejoindrai aussitôt que ces demoiselles seront parties. — Elle ferait des progrès plus rapides si elle travaillait davantage. — Ces ouvriers sont fort malheureux, car ils n'ont point de travail depuis que le chef de cet établissement a quitté notre pays. — Les réclamations de votre commis sont fort justes, et je vous engage à lui remettre cette somme, aussitôt que vous recevrez votre argent. — Julien cueillera nos fruits dès qu'ils seront mûrs, puis on coupera les arbres, et le fermier sèmera du blé dans ce terrain.

INVERSION DES PROPOSITIONS.

Il y a inversion des propositions lorsqu'une ou plusieurs propositions incidentes sont placées avant la principale absolue, qui doit toujours être analysée la première.

Si tu mentais, tu affligerais ta bonne mère. — Lorsque

votre santé sera entièrement rétablie, vous ferez un voyage dans le midi de la France. — Si je ne suis pas interrompu, j'écrirai aujourd'hui quelques lignes à cette femme si malheureuse. — Quoique ce paysan ne soit pas très-riche, il soulage la misère de beaucoup de familles. — De peur qu'il n'aigrît, par sa tristesse, la profonde douleur de son père, sa tante se décida à se charger de son éducation. — Pendant qu'on lui adressait ces reproches, elle était toute tremblante, et elle répandait des larmes amères. — Puisque vos devoirs sont mal faits, vous n'irez pas à la promenade avec vos amies. — Avant que je vous connusse, je ne croyais pas que vous fussiez aussi instruite. — Aussitôt qu'ils apprirent cette fâcheuse nouvelle, ils se décidèrent à partir pour Paris, et ils nous chargèrent de surveiller leurs ouvriers. — Depuis que Louis travaille assidûment, je suis satisfaite, et je permets volontiers qu'il amène chez moi ses deux jeunes camarades. — Pour que tu réussisses dans cette entreprise, je te recommanderai à ma famille, et je te prêterai une somme considérable. — Lorsque vous consentîtes à ce changement, vous ignoriez que votre sœur fût malade depuis quinze jours.

RÉCAPITULATION.

Lorsque Joseph vit ses frères, il ordonna à son intendant de préparer un festin. — Toutes vos ressources furent épuisées avant que ce procès fût terminé. — Quoique ces marchands ne me connussent pas beaucoup, ils me permirent de conserver ces objets jusqu'à ce que ma mère fût arrivée. — Avant que ce prince montât sur le trône, il avait remporté plusieurs victoires, et il s'était acquis l'amour de son peuple. — Dès que les Israélites aperçurent les troupes de Pharaon, ils éclatèrent en plaintes contre Moïse. — Les habitants de ce village s'étaient proposé d'accompagner, jusqu'à son château, le bienfaiteur de cette nombreuse famille. — Pour réparer cet oubli involontaire, elle m'envoya les deux meilleurs ouvrages de cet écrivain, et elle me pria de vous remettre ce volume, avant que vous partissiez pour la campagne. — Aman se jeta aux pieds d'Esther pour la supplier de lui sauver la vie. — Nous évitâmes de parler de cet événement devant votre mère.

— Le Seigneur accorda la sagesse à Salomon, et il lui promit aussi tous les autres biens ; mais, en même temps, il lui annonça que, s'il était infidèle, il éprouverait les plus grands malheurs.

PRONOMS RELATIFS.

Les mots qui représentent des noms ou des pronoms déjà exprimés, sont ordinairement des PRONOMS RELATIFS.

Le mot représenté par le pronom relatif s'appelle ANTÉCÉDENT. *Le pronom relatif doit être placé le plus près possible de son antécédent.*

PRONOMS RELATIFS CONJONCTIFS.

Les pronoms relatifs conjonctifs sont : QUI, QUE, DONT, LEQUEL, LAQUELLE, QUOI, OÙ.

Le pronom relatif QUI *s'emploie ordinairement pour sujet ou pour complément indirect.*

Nous passerons la soirée chez une personne qui est très-aimable. — Le menuisier à qui tu donnes cet ouvrage, n'est pas fort adroit. — L'élève qui négligea ses devoirs, fut puni. — Les champs qui appartenaient autrefois à mon père, sont vendus à notre ancien fermier. — Nous ne connaissons pas le monsieur qui nous remit votre lettre. — Le fabricant pour qui vous travaillez est fort exigeant. — J'avais une mère qui veillait tendrement sur toutes mes actions. — L'aubergiste chez qui descendent ces marchands, nous avertira de leur arrivée. — Le banquier chez qui était déposée cette somme, jouissait de la confiance de toute ma famille. — Les enfants pour qui vous fîtes ce sacrifice, ne vous témoignèrent pas assez de reconnaissance. — Je vous prêterai volontiers les livres qui vous sont nécessaires pour terminer cet ouvrage. — Elle salua poliment la demoiselle près de qui elle se plaça. — Cette petite fille, à qui tout le monde cède, n'est jamais entièrement satisfaite. — Notre vieux jardinier planta ces petits arbres dans le terrain qui appartiendra à notre locataire.

Le pronom relatif QUE *s'emploie toujours pour complément direct.*

Il avoua franchement la faute qu'il commit dernièrement. — Les comptes que termina votre commis, ne sont pas exacts. — La permission que demandait Jules, lui fut accordée volontiers. — Le cheval que je prête à votre frère, est fort bon. — Les leçons que vous étudiez, ne sont pas difficiles. — Je rencontrai avant-hier un jeune homme que je connus autrefois à Strasbourg. — Elle confie à sa protectrice les inquiétudes que lui cause cet événement. — Nous remettrons demain à ce commissionnaire les objets que réclame votre cousin. — Les élèves qui ne seront pas attentifs, ne viendront pas avec nous dans la propriété que j'achetai à la fin du mois dernier. — La personne que j'attends, arrivera peut-être avec la dame chez qui vous demeuriez autrefois. — La maison qu'habite votre oncle, sera probablement achetée par le riche commerçant de qui je vous parlais tout à l'heure. — On nous lut la lettre qui était adressée à Ernest par le notaire que je charge de mes intérêts.

Les pronoms relatifs DONT, DUQUEL, *de* LAQUELLE, DESQUELS, DESQUELLES *s'emploient pour compléments indirects, et pour pronoms complétifs du sujet, ou du complément direct.*

Le malheur dont ces gens sont accablés, est irréparable. — Le couteau dont tu te sers, est neuf. — Vos amis avouèrent les fautes dont ils étaient coupables. — Je ne conduirai pas à la promenade les enfants desquels je ne serai pas content. — La vieille dame de laquelle tu te sépares avec tant de regret, te témoigna toujours une bien vive affection. — Nous ferons très-volontiers les commissions desquelles vous nous chargez. — On m'apprit hier une nouvelle dont je suis très-étonnée. — La fortune dont vous jouissez, est considérable. — L'affaire dont s'occupent ces messieurs, intéresse vivement votre protectrice. — La maladie dont Jules fut atteint, était fort dangereuse.

Vous achetez un chapeau dont la couleur ne plaira pas à votre mère. — Cette femme, dont la santé est si délicate, ne pourra pas se charger de ces deux enfants. — Les ouvriers desquels les ressources sont épuisées, demandent une augmentation de salaire. — On me remit hier une note dont le montant s'élève à deux cents francs. — Les élèves dont les devoirs seront très-soignés, obtiendront des récompenses. — Emélie, dont le caractère est très-doux, ne s'habitua point à vivre avec ces gens grossiers. — A la fin du mois de septembre, ton frère habitera une maison dont le jardin est magnifique. — Nous adorons un Dieu dont la puissance est infinie.

Mes parents demeurent dans le village dont nous apercevons le clocher. — Je prêtai à Laure un couteau dont elle cassa la pointe. — Elle reconduisit, jusqu'à la porte du jardin, une personne dont je reconnus la voix. — Le vieux jardinier me donna des fleurs dont je ne sais pas le nom. — Cet artiste m'envoya hier un tableau dont je ferai la copie. — Les élèves desquels vous corrigez les devoirs, ont fait beaucoup de progrès depuis deux mois. — On dicte des phrases dont nous ferons l'analyse logique. — Notre domestique connaît peut-être la personne de laquelle vous demandez l'adresse.

Les pronoms relatifs conjonctifs DUQUEL, DE LAQUELLE, DESQUELS, DESQUELLES *peuvent aussi s'employer comme pronoms complétifs des compléments indirects.*

Il connaît particulièrement le vieillard dans le jardin duquel nous nous promenons. — Vous vous éloignerez des chasseurs entre les mains desquels se trouvent des fusils chargés. — La jeune fille de l'éducation de laquelle je m'étais chargée, mourut à la suite d'une maladie très-longue. — Elle avait parcouru une partie du jardin au fond duquel se promenaient nos amis intimes. — On nous vendit des étoffes de la qualité desquelles on ne nous répondit pas. — On renvoya les ouvriers du travail desquels vous n'étiez pas satisfait. — Tu as un neveu au sort duquel tu t'intéresses vivement. — Ma mère accorde la plus grande confiance au notaire entre les mains duquel sont déposés ces papiers importants. — Nous apercevrons bientôt le précipice au fond duquel périrent ces voyageurs. — Tu ne conservas pas la domestique de la probité de laquelle tu doutais.

LEQUEL, LAQUELLE, LESQUELS, LESQUELLES *sont ordinairement employés comme compléments indirects.*

Nous irons demain chez le marchand pour lequel vous travaillez. — La chaise sur laquelle vous êtes assise, n'est pas solide. — Guillaume avait une sœur à laquelle il était tendrement attaché. — Il me montra le bois dans lequel son père construisait une petite maison. — Tu ne retrouvas pas la boîte dans laquelle étaient ces objets précieux. — La religion pour laquelle moururent les martyrs, subsistera jusqu'à la fin du monde, selon la promesse de J.-C.

Le pronom relatif où *s'emploie toujours comme complément indirect.*

Je m'arrêterai dans le château où demeure la cousine de Marie. — Tu nous attendras à l'endroit où nous nous reposâmes hier. — Emma entra dans la salle où étaient exposés les plus beaux tableaux. — Elle revit avec bonheur les lieux où se passèrent ses premières années. — Vous ne montrerez à personne l'entrée du souterrain où furent déposés ces précieux objets. — Ce riche maître de forges achettera peut-être la propriété où demeurent les vieux cousins. — Charles nous conduisit au jardin où étaient vos parents. — Tu ne traverseras pas la forêt où fut commis ce crime affreux.

RÉCAPITULATION.

Job dont le ciel avait, pendant un grand nombre d'années, comblé tous les vœux, fut accablé des plus grands malheurs.

La fortune que m'avaient laissée mes parents, a été sacrifiée à l'époque où se passa l'événement dont je vous parlais hier.

Esther, qui s'était revêtue de ses ornements royaux, s'arrêta à la porte intérieure de l'appartement du roi, vis-à-vis le trône sur lequel il était assis.

Elie ressuscita le fils de la pauvre veuve chez laquelle il s'était retiré à Sarepta.

La paix ne répara pas les maux qu'avait causés la guerre.

Sous la domination romaine, la Gaule était divisée en dix-sept provinces qui comprenaient plusieurs cités.

Vous n'avez pas payé le peu de dettes qu'avaient contractées vos frères.

Lorsque le grand échanson revint en faveur, il oublia Joseph, dont la captivité dura encore pendant deux ans.

Joseph, que le Seigneur protégeait, gagna l'affection de Putiphar, qui lui donna toute autorité dans sa maison.

Pour montrer sa puissance à ses disciples, Jésus marcha sur la mer devant eux, et il fut suivi par saint Pierre, dont la foi ne fut troublée par aucune frayeur.

Ailleurs, les eaux sont parvenues à se pratiquer des cours souterrains où coulent des ruisseaux pendant une partie de l'année.

Cette femme, dont la douleur est si profonde, a perdu son fils aîné, qui était un jeune homme fort instruit.

Jonas fut englouti par une baleine, dans le corps de laquelle il resta pendant trois jours.

Les chagrins que j'ai su que tu as éprouvés, m'ont décidée à venir ici avant la fin de l'hiver.

Charlemagne fut enterré à Aix-la-Chapelle, dans un magnifique tombeau que l'on fit murer.

Pendant un festin magnifique auquel assistaient les principaux personnages de l'empire, Balthasar voulut profaner les vases sacrés de Jérusalem; mais tout à coup une main traça sur la muraille des caractères dont personne ne pouvait expliquer le sens.

Elle ne s'est pas rappelé le nom du lieu où se livra cette bataille, dont l'issue fut si funeste à notre patrie.

Si vous aviez suivi les sages conseils que vous avait donnés votre mère, vous ne vous seriez pas attiré les reproches dont on vous accable depuis deux jours.

Lorsqu'Elie se cacha près du torrent de Caritz, des corbeaux lui apportaient la nourriture dont il avait besoin.

Avant d'accepter les offres que te faisait ce négociant, tu consultas une personne en qui tu avais une entière confiance.

PRONOMS RELATIFS.

Les pronoms LE, LA, LES, EN, Y, *sont des pronoms relatifs parce qu'ils représentent ordinairement des noms ou des pronoms exprimés dans la phrase.*

Les pronoms relatifs LE, LA, LES, *s'emploient comme compléments directs.*

Je vous rendrai ce volume quand je l'aurai lu.

Quand je recevrai une lettre de mon père, je vous la communiquerai.

Ce jardin convient à ta sœur, elle l'achettera peut-être.

Maurice est très-malade; le médecin qui le soigne, n'a pas la certitude de le sauver.

Si vous m'aviez demandé ces livres, je vous les aurais prêtés très-volontiers.

Puisque votre tante désire voir mes gravures, je les lui enverrai aussitôt que cette dame me les rendra.

Il connaît ses devoirs, et il les remplit avec exactitude.

Si tu avoues la faute que tu as commise, on te la pardonnera plus facilement.

Le pronom relatif EN *s'emploie comme complément direct, complément indirect ou pronom complétif.*

Si elle me demande des fleurs, je lui en donnerai.

Tu avais des raisins et tu en as offert à tes amies.

Notre fermier avait trop de moutons, il en a vendu.

Elle a cueilli des poires, et elle en a porté à ces deux petites paysannes.

Votre commis a gagné beaucoup d'argent; mais il en a dépensé très-peu.

Votre lettre ne m'a pas été remise; la dame que vous en avez chargée, l'a probablement perdue.

Tu lui aurais volontiers rendu ce service, si elle t'en avait priée poliment.

Ma mère était fort malade quand je l'ai quittée; mais les nouvelles que j'en ai reçues aujourd'hui, sont très-satisfaisantes.

Nous ne partirons pas demain; votre sœur, que j'en ai prévenue, retardera aussi son voyage.

Cette faute est très-grave; les élèves qui en sont coupables, seront renvoyés.

Elle aurait vendu ce bijou si elle en avait connu la valeur.

Ce portrait est bien ressemblant, j'en demanderai une copie.

Vous n'auriez point blâmé mes démarches, si vous en aviez connu le véritable but.

Si ces fleurs t'appartenaient, tu m'en donnerais la moitié.

Le pronom relatif Y *est toujours complément indirect.*

Nous partons demain pour Paris, et nous y passerons une partie de l'hiver.

Ton oncle achettera ce château, et il y demeurera pendant la belle saison.

Quoique cette propriété ne m'appartienne pas, je m'y promène souvent, et j'y conduis mes amis.

La vertu de Pépin l'avait placé sur le trône ; son courage l'y soutint ; ses rivaux l'y virent sans envie.

Quand mon père ira à Paris, il y conduira ma sœur, afin qu'elle y consulte des médecins habiles.

Elise alla hier au concert, et elle s'y amusa beaucoup.

Le négociant dont je vous parle, avait acquis une grande fortune; mais il en a perdu une partie au moment où se sont passés ces événements.

Cet illustre guerrier s'est couvert de gloire ; autant de batailles il a livrées, autant il en a gagné.

Si Louis est heureux dans la maison où le place son protecteur, il y restera jusqu'à ce que son père revienne des colonies.

Ces gens, dont je me méfie depuis quelques mois, se sont introduits hier dans ma maison pendant mon absence; j'en ai la certitude.

Je ne trouvai pas le château qu'avait acheté mon père, au-dessous de la description que tu m'en avais faite.

Les cris que jetaient ces enfants, effrayèrent ta sœur ; j'en suis persuadée.

On rappela les généraux, dont l'incapacité avait compromis nos armées.

La résignation de Louis fut mise à une cruelle épreuve par les malheurs domestiques qui empoisonnèrent la fin de ses jours.

Les enfants qu'on a habitués à craindre les ténèbres, se sont rarement guéris de la peur qu'on leur en a faite.

La jeune personne de l'éducation de laquelle vous vous êtes chargée, aime beaucoup l'étude; elle s'y est livrée avec ardeur depuis deux ans.

PRONOMS RELATIFS POSSESSIFS.

Les pronoms qui, en représentant un mot exprimé dans la phrase, font connaître à qui appartiennent les personnes ou les choses, sont des PRONOMS RELATIFS POSSESSIFS.

Les pronoms relatifs possessifs s'emploient comme sujets, compléments directs, compléments indirects ou pronoms complétifs.

Les pronoms possessifs sont :

Masculin sing.	*Féminin sing.*	*Masculin plur.*	*Féminin Plur.*
Le mien.	La mienne.	Les miens.	Les miennes.
Le tien.	La tienne.	Les tiens.	Les tiennes.
Le sien.	La sienne.	Les siens.	Les siennes.
Le nôtre.	La nôtre.	Les nôtres.	Les nôtres.
Le vôtre.	La vôtre.	Les vôtres.	Les vôtres.
Le leur.	La leur.	Les leurs.	Les leurs.

Votre habitation est agréable ; mais la mienne est fort triste.

Si tu ne trouves pas ton cahier, tu prendras le sien.

Mon bonheur dépend du vôtre.

Leurs revenus sont considérables ; mais les nôtres sont plus sûrs.

Votre inquiétude augmenta la mienne.

Si tu te charges de cette commission, on ne refusera pas la tienne.

Elle s'inquiète de sa position ; mais elle ne s'occupe pas de la nôtre.

Il me prêta son livre, parce que trois feuillets du mien étaient déchirés.

Vous écrirez à votre sœur, quand j'aurai reçu une lettre de la mienne.

Pendant que vous vérifierez mes comptes, je terminerai les vôtres.

Nos recherches furent vaines; les leurs auront peut-être un plus heureux résultat.

Son fils était placé près du vôtre.

Mon cheval a mangé son avoine ; mais le tien n'a pas touché à la sienne.

Le chemin de fer traversera votre propriété ; mais il passera loin de la mienne.

Quand Louise quittera sa famille, tu rejoindras la tienne.

Cette demoiselle acceptera peut-être vos offres, quoiqu'elle ait refusé les nôtres.

Ce volume n'est pas sur ton bureau ; je l'ai laissé sur le mien.

Sa position est avantageuse; mais la vôtre est plus agréable.

On prit trois francs dans ma bourse ; on ne laissa que cinquante centimes dans la sienne.

Ces vases coûtent fort cher ; mais le prix des vôtres est encore plus élevé.

La pension de retraite de cet officier est supérieure à la tienne.

PRONOMS DÉMONSTRATIFS.

Les pronoms qui représentent un nom ou un pronom, et qui servent à montrer les personnes ou les choses, sont des PRONOMS DÉMONSTRATIFS.

Les pronoms démonstratifs sont :

Masculin sing.	*Féminin sing.*	*Masculin plur.*	*Féminin plur.*
Ce.			
Celui.	Celle.	Ceux.	Celles.
Celui-ci.	Celle-ci.	Ceux-ci.	Celles-ci.
Celui-là.	Celle-là.	Ceux-là.	Celles-là.
Ceci.			
Cela.			

Les pronoms démonstratifs s'emploient comme sujets, compléments directs, compléments indirects ou pronoms complétifs.

Les fenêtres de ma chambre sont très-grandes, et celles de la tienne sont trop petites.

Je lis ce volume ; mais je vous prêterai celui-là.

Je vendrai ma maison, et je conserverai celle de ma tante.

La santé de Laure est rétablie ; mais celle de Jenny me donne de graves inquiétudes.

Les dessins de ta cousine seront finis avant que ceux de Louise soient commencés.

Tu viendras dans ma chambre ; mais tu n'entreras pas dans celle-ci.

Elle arriva chez moi au commencement du mois dernier, et elle partira à la fin de celui-ci.

Cet ouvrage n'est pas comparable à celui de votre père.

On ne plantera pas ces fleurs auprès de celles que le jardinier arrosait tout à l'heure.

Vos devoirs sont assez soignés; mais ceux de Jules sont encore mieux faits.

Dieu sait punir ceux que les hommes ne peuvent appeler en jugement.

Ceux qui m'avaient engagé dans cette funeste entreprise, m'abandonnèrent, lorsque ce malheur arriva.

Elle posa maladroitement ces objets sur ceux que vous avez eu l'obligeance de me prêter.

Il ne comprenait pas cela.

L'étoffe que choisit votre tailleur, est préférable à celle qu'achette ce jeune homme.

Nos soldats firent des prodiges de valeur; ceux de l'armée ennemie déployèrent aussi un grand courage.

Les places que tu as retenues, ne valent pas celles que j'avais demandées.

Ma sœur a épousé un magistrat intègre, et ma cousine se marie avec un brave officier; ces deux hommes sont également estimés; celui-là fait la guerre aux ennemis domestiques, et celui-ci nous protége contre les ennemis extérieurs.

Ceci est beau; mais cela ne me plaît pas.

Nous ne nous inquiétons pas de ceci.

RÉCAPITULATION.

Charlemagne assistait peu aux assemblées nationales; ses nombreuses expéditions ne lui en laissaient pas le loisir.

Parmi toutes les tribus des Francs, celle des Saliens était la plus redoutable.

L'histoire de Job succède dans les livres saints à celle d'Esther.

La somme que nous avions demandé qu'on nous prêtât pendant un mois, nous a été refusée.

La paresse a étouffé plus de talents que l'activité n'en a développé.

La perte de la bataille fut attribuée au peu d'habileté qu'avait montré le général.

Les soldats, qui avaient manqué de vivres pendant un jour entier, jetèrent, pour aller au combat, le pain qu'ils venaient de recevoir.

Les tendres soins que j'ai su que vous aviez prodigués à ma fille, m'ont inspiré pour vous une éternelle reconnaissance.

Pour frapper Henri, Ravaillac attendit le moment où le carrosse du roi était arrêté dans une rue étroite.

Cette mort imprévue vous a privées de la seule protection sur laquelle vous pussiez toujours compter.

Pendant l'affreuse famine qui désola Paris à la fin du seizième siècle, on pulvérisa des os de morts dont on pétrit du pain.

Le négociant dont vous m'avez donné l'adresse, m'a envoyé beaucoup moins de marchandises que je ne lui en ai demandé.

Les difficultés que ces messieurs n'avaient pas prévu qu'ils éprouveraient, les ont découragés, et ils ont renoncé à leur entreprise.

Ces gens ne se sont sans doute pas rappelé les recommandations que leur avait faites le propriétaire de l'établissement où je te conduisis à la fin de la semaine dernière.

Quoiqu'il eût perdu une grande partie de la fortune que lui avaient laissée ses oncles, il offrit un asile à tous ceux qui avaient échappé à ce danger.

Cette entreprise était plus avantageuse que tu ne l'avais espéré; les bénéfices que tu en as tirés, se sont élevés à près de quinze mille francs.

L'échelle à l'aide de laquelle on s'est introduit dans la maison où étaient déposés ces papiers importants, a été retrouvée à l'extrémité du jardin.

Les événements à la suite desquels ces hommes sont parvenus au pouvoir, ont causé la ruine d'un grand nombre de familles distinguées.

Avant d'accepter les offres que lui fait le nouveau chef de cet établissement, Maurice a consulté un ancien ami dans lequel il a la plus grande confiance; la réponse qu'il en a reçue hier, le décide à ne pas refuser.

Les deux jeunes artistes que nous nous étions proposé d'inviter à notre prochaine réunion, ont été obligés de partir hier, parce qu'une lettre que leur a apportée Georges, les a vivement inquiétés.

ELLIPSE.

On appelle PROPOSITION ELLIPTIQUE *celle à laquelle il manque une ou plusieurs parties essentielles.*

Avant d'analyser une proposition elliptique, il faut en faire la construction pleine.

ELLIPSE DU SUJET.

Ce messager remit cette lettre à ma mère et attendit sa réponse.

La princesse traversa ces contrées et y répandit d'abondantes aumônes.

Elle entra dans ce magasin et y choisit plusieurs ouvrages instructifs.

Nous avons entendu crier les enfants.

La petite fille, que j'ai entendue pleurer, était enfermée dans ce cabinet.

Ces voyageurs, ne prévoyant pas le danger, prirent peu de précautions.

Je ne reconnus pas les personnes que je vis entrer dans le jardin.

La demoiselle que tu as entendue chanter hier, viendra ici pour attendre son père.

Nos amis, apprenant ce fâcheux événement, accoururent au château.

Ces femmes, ignorant votre défense, traversèrent cette propriété.

Qui révèlera nos secrets sera exclu de nos réunions.

ELLIPSE DU COMPLÉMENT DIRECT.

Ce prompt départ afflige et inquiète notre mère.

Elle chante sans regarder son cahier.

Il cueillit et mangea plusieurs raisins.

Tu planteras et arroseras nos fleurs.

Nous décachetâmes et lûmes votre lettre.

Je m'agenouillai et priai avec la plus grande ferveur.

Tu écriras avant le départ de ces dames.

Ils achetèrent et payèrent tout de suite ce vaste terrain.

ELLIPSE DU COMPLÉMENT INDIRECT.

Il demeure maintenant et il demeura toujours avec nous.

Tu entras et tu sortis sans saluer ces dames.

Malgré votre défense, les enfants descendirent et coururent dans le jardin.

Je garderai la maison pendant votre promenade, et vous la garderez après.

Il parla pour et tu parlas contre nos locataires.

Je me souviens encore, et je me souviendrai toujours de cette scène horrible.

ELLIPSE DU VERBE.

Il parle comme un ignorant.

Jules était fort gai, et Louis, bien triste.

Votre fils est soumis, et le mien, fort désobéissant.

Marie portait des oranges, et Hélène, des marrons.

Vos domestiques travaillaient plus que les miens.

Vous avez fait moins de fautes que votre cousin.

Henriette paya les gravures, et Maurice, les cadres.

ELLIPSE DE L'ATTRIBUT.

La ville entière était en cendres.

Nos amis étaient dans la plus profonde douleur.

Nous sommes ici depuis deux jours.

Ce vieillard était d'une éloquence persuasive.

ELLIPSE DE LA PRÉPOSITION.

Cet enfant pleura toute la nuit.

Il venait nous apporter une bonne nouvelle.

Je cours chercher un médecin.

Nous voyagerons tout l'été avec notre père.

On nous remit hier des papiers importants.

Ce prince régna dix ans.

Les deux années que j'ai vécu dans votre famille, m'ont laissé d'agréables souvenirs.

Nous quitterons ce pays l'année prochaine.

Ils se réunissent ici tous les soirs.

Cette guerre dura six ans.

ELLIPSE D'UNE PROPOSITION.

On désire que vous partiez avant midi, et que o u veniez vers cinq heures.

Fuyez la nonchalance.
Ne fais pas de mal aux animaux.
Viendras-tu avec nous à la promenade.
Je fais ce que tu veux.
Avez-vous étudié vos leçons?
N'oubliez pas ma recommandation.
Parle toujours poliment aux domestiques.
Soyez complaisants envers vos camarades.
Nous avons fait toutes les démarches que vous avez voulu.

RÉCAPITULATION.

Elle est aussi instruite que sa sœur.
Dieu nous récompensera ou nous punira selon nos œuvres.
Les enfants soumis reçoivent avec respect les instructions de leurs parents, et profitent avec ardeur de leurs avis.
Le lièvre dort les yeux ouverts.
Les médecins, appelés près de votre cousine, ne nous donnèrent aucun espoir de la conserver.
On entendit les avalanches s'écroulant avec un horrible fracas.
Les fêtes durèrent sept jours, et les assemblées du peuple, vingt-trois.
Le jeune Tobie, toujours sous la conduite de l'ange, quitta son beau-père, et partit avec Sara pour retourner chez lui.
On doit regarder la mort comme la fin des maux.
On oublie difficilement les années qu'on a gémi dans la captivité.
Soumettons-nous sans murmures aux décrets de la Providence.
Le palais était fermé, autour veillait une garde nombreuse.
Qu'il parte sur le champ.
Je demeure près de l'église, et ma mère, vis-à-vis.
Celui qui rend un service, doit l'oublier; celui qui le reçoit, s'en souvenir.
Cette lettre était sur la cheminée du salon.
La pauvreté dégrade, et le faste révolte.

Les habitants de cette ville, réduits à la dernière extrémité, demandèrent à capituler.

Nos parents, cédant à nos instances, vinrent habiter ce château.

Qui meurt pour son pays meurt toujours avec gloire.

Des navigateurs habiles ont parcouru la terre d'un pôle à l'autre.

Les coupables frères de Joseph, voulant cacher leur crime, prirent sa robe, la déchirèrent, la trempèrent dans le sang d'un chevreau et l'envoyèrent à Jacob.

Tobie, sage dès son enfance, ne tomba point, comme ses compatriotes, dans l'idolâtrie, et éleva son fils dans la crainte du Seigneur.

Qui ne sait pas obéir ne sait pas commander.

David, honteux de loger dans un palais de cèdre, lorsque l'arche n'était encore que sous une tente, forma le projet de bâtir un temple.

Isaïe reprocha aux peuples, leurs égarements; aux rois, leurs fautes.

La fourmi amasse, l'été, les provisions dont elle manque l'hiver.

Je vais rejoindre les demoiselles que tu as vues entrer tout à l'heure.

Votre frère, ou le mien obtiendra ce prix.

Je regrette les nombreuses années que j'ai vécu sans pouvoir m'instruire.

Effrayées par ces cris, les femmes se précipitèrent hors de la salle.

D'après les conseils de Rébecca, Jacob partit pour la Mésopotamie, et alla chercher un asile chez Laban.

La honte ou la crainte arrêta son bras.

Votre père ni le mien ne sera appelé à ce poste important.

Une parole, un signe, un regard me suffit.

Son intrépidité, son courage était connu.

Mes parents, ainsi que les vôtres, m'engagèrent à contracter cet engagement.

Votre jeunesse, de même que la mienne, s'écoula fort tristement.

Ton frère est encore plus malheureux que le mien.

On a loué la modestie de cette jeune fille bien plus que son esprit.

Ils ont moins blâmé votre conduite que la nôtre.

L'actrice que j'ai vue jouer hier, était plus jolie que celle qui a été si vivement applaudie la semaine dernière.

Dieu, voulant mettre à l'épreuve la foi d'Abraham, lui ordonna de partir avec son fils, et de le lui offrir en sacrifice sur une montagne qu'il lui indiqua. Arrivés dans ce lieu, ils dressèrent un autel et le couvrirent de bois.

L'homme juge du cœur par les paroles; et Dieu, des paroles par le cœur.

Ne perdez jamais de vue les sages préceptes que je vous conseille de mettre en pratique,

Tant que Dieu leur a prêté son appui, les Juifs triomphants ont vu s'évanouir, devant eux, des bataillons menaçants et terribles; mais, quand l'esprit du Seigneur s'est retiré d'eux, succombant à la première attaque, fuyant devant le plus faible ennemi, et tournant contre eux-mêmes leurs propres armes, ils ont été livrés aux plus grandes misères.

L'évêque de Reims vint réclamer, à Soissons, un vase d'argent qui lui avait été enlevé.

Aussitôt Pépin s'élance au milieu de l'arène, et frappe les deux animaux, qui tombent à ses pieds, et expirent dans des flots de sang.

Edouard alla investir Calais. Jean de Vienne commandait dans cette ville. Les réponses qu'il fit aux sommations d'Edouard, apprirent à ce roi que son armée assiégeait en vain une place où l'honneur veillait, et dont les remparts étaient inabordables. Calais fut bloqué. Les assiégés luttèrent longtemps contre les horreurs de la faim; mais enfin ils demandèrent à capituler. Le roi d'Angleterre voulait qu'ils se rendissent à discrétion. Puis, commuant cet arrêt sinistre, il consentit à faire grâce aux habitants, pourvu que six des plus notables vinssent, la corde au cou, lui apporter les clés de la ville, et se dévouer pour les autres. Eustache de St-Pierre, dont les Calaisiens admiraient les vertus, se dévoua le premier pour ses concitoyens.

EMPLOI DES MOTS QUELQUE, QUEL, QUE, MÊME, TOUT.

Quelques ouvriers furent grièvement blessés.

On adressa quelques questions à ces enfants.

Nous passerons quelques jours chez notre vieille parente

En quelques heures, ces bâtiments furent la proie des flammes.

On voit, dans cette ville, quelques monuments romains.

A quelques lieues de Naples se trouvent les ruines de la ville d'Herculanum, qui fut ensevelie sous les laves de l'Etna.

Quelques montagnes d'Afrique sont riches en métaux précieux.

Les Portugais possèdent quelques comptoirs dans la Sénégambie.

Quelque sévères que soient vos ordres, elle s'y soumet sans murmurer.

Quelque difficiles que soient ces devoirs, Jules les fera en quelques heures.

Quelque rassurantes que soient ces nouvelles, nous partirons avant la fin du mois.

Quelque bien écrits que soient ces ouvrages, ils auront sans doute peu de succès.

Quelque continuelles que fussent les souffrances de votre sœur, elle avait conservé une grande gaîté de caractère.

Quelque ridicules que fussent les manières de ces paysannes, on ne se moquait pas d'elles.

Quelle que soit votre décision, je l'approuverai.

Quel que soit le courage de nos soldats, ils pourront être vaincus.

Quels que soient vos efforts, je doute que vous réussissiez.

Quelles que soient vos dépenses, votre famille les paiera.

Quels que fussent vos désirs, on les satisferait si votre mère le permettait.

Quels que soient ta force et ton courage, je crois que tu ne pourras terminer ces travaux avant la fin de l'année.

Nous partirons demain, quelle que soit la réponse du notaire.

Ils quitteront cette ville, quelles que soient les instances de leurs amis pour les y retenir.

Quelles qu'aient éte leur sagesse et leur prudence, ils ont commis bien des fautes.

Quels qu'aient été son zèle et son application, il n'a pu obtenir les premiers prix.

Quelles que puissent être vos volontés, nous nous y conformerons.

Joas fut caché dans le temple pendant quelques années.

Quelles que soient vos peines, quelque grands que soient vos malheurs, soumettez-vous à la volonté de la divine Providence.

Quelle que soit votre capacité, quels que soient vos talents, quelques grandes richesses que vous possédiez, n'en tirez pas vanité.

Quelque prudents que soient vos amis, quelle que soit leur expérience, ils commettent bien des fautes.

Quel que soit votre mérite, quelles que soient vos vertus, quelque brillante que soit votre position, vous serez sans doute exposé à l'envie.

Quelles que soient sur la terre les infortunes de l'homme juste, il ne doit point douter de la bonté de Dieu.

Quelques gens s'étaient persuadé que, quels que fussent vos chagrins, vous n'oseriez vous plaindre.

Quelle que soit votre fortune, quelques grands avantages que vous possédiez, quelque continuels que soient les éloges qu'on vous adresse, je doute que vous soyez satisfaite.

Quelques enfants étaient agenouillés au pied de cet autel; ils pleuraient et priaient avec ferveur; quelles que fussent nos instances, ils refusèrent de nous faire connaître le motif de leur chagrin.

Je conserverai ces bijoux, quelle qu'en soit la valeur.

Quels que soient son âge et son talent, je doute qu'on lui accorde la place qu'il demande.

Une femme, quelques grands biens qu'elle apporte dans une maison, la ruine bientôt si elle y introduit le luxe.

Quelles que fussent les instances de ses concitoyens, Régulus voulut retourner à Carthage.

Vos frères ont les mêmes goûts, les mêmes habitudes.

Les mêmes vertus qui servent à fonder un empire, servent aussi à le conserver.

Ceux mêmes qui s'opposaient à son élévation, approuvaient sa conduite.

Ses soldats mêmes refusèrent de combattre.

Femmes, vieillards, enfants même furent massacrés.

De tous les orateurs modernes, les plus éloquents même ne peuvent être comparés à Démosthènes.

J'ai tout à craindre de leurs larmes, de leurs soupirs, de leurs plaintes même.

Les vainqueurs brûlèrent les maisons, les palais et même les temples ; ils immolèrent les femmes et même les enfants.

Ceux qui ne sont contents de personne, sont ceux mêmes dont personne n'est content.

Ces murs mêmes, Seigneur, peuvent avoir des yeux.

Les animaux, les plantes même étaient au nombre des divinités égyptiennes.

Tous vos projets furent approuvés.

On nous montra toutes les lettres.

Ils sont chargés de toutes les dépenses.

Dans toute circonstance, elle m'a témoigné un vif intérêt.

Toute inquiétude avait cessé lorsque Louise est arrivée.

Tous les cultes sont librement professés en France.

Les différentes espèces d'animaux ne se trouvent pas également sous tous les climats.

Tous les individus qui composaient les premières peuplades, se ressemblaient sous tous les rapports.

On trouve en France tous les animaux utiles des zones tempérées.

Les parents d'Ernest furent tout surpris de notre décision.

Elle fut toute découragée par ce refus auquel elle ne s'attendait pas.

Vos amis sont tout disposés à faire pour vous de nouvelles démarches.

Nos protectrices furent tout étonnées, toutes surprises des projets qu'avaient formés ces dames.

La ville tout entière fut livrée aux flammes.

Votre fortune est tout autre que la mienne.

Votre mère était tout inquiète, toute tourmentée de ce départ imprévu.

Cette jeune personne est toute honteuse de s'être exprimée ainsi.

Tout hardis qu'étaient ces paysans, ils n'osèrent point entrer ici.

Angéline fut tout humiliée par les reproches qu'on lui adressa.

Nos voisins étaient tout humiliés de vos étranges soupçons.

Cette terre toute rafraîchie, tout humectée donnait sans cesse de nouvelles fleurs.

Cette action, tout horrible qu'elle était, ne fut point sévèrement punie.

Ces enfants étaient tout honteux devant leur précepteur.

Cette côte est toute hérissée de rochers.

Sa conduite toute hautaine, toute dure lui fit beaucoup d'ennemis.

RÉCAPITULATION.

Quels qu'àient été mes efforts, je n'ai pu obtenir que toute autre personne que votre tante ne fût point interrogée.

Les Gaulois célébraient tous leurs mystères dans les forêts sacrées.

Tout instruits, tout savants qu'étaient ces jeunes gens, ils n'ont pu répondre à quelques questions que leur a adressées l'inspecteur.

Quelles que soient vos excuses, vous serez condamnées par tous les gens sensés.

Tout habiles, tout vaillants qu'étaient ces princes, ils n'ont pu triompher de leurs ennemis.

Toute la fortune que lui avait laissée son père, fut dissipée en quelques années.

Les bienfaits qu'on répand sur les autres, causent une tout autre satisfaction que ceux qu'on en reçoit.

Dans les mêmes circonstances, vous agiriez de la même manière.

En Egypte, les meurtriers, les parjures, les calomniateurs même étaient punis de mort.

Les Romains, si grands en toutes choses, furent, même dans leurs spectacles, les maîtres du monde.

Quelques grands sacrifices que vos sœurs aient faits en faveur de cette famille ingrate, quelques dures privations qu'elles se soient imposées pour venir à son secours, quelque nombreux qu'aient été les bienfaits dont elles l'ont comblée, elles n'en reçoivent pas le moindre témoignage de reconnaissance.

Votre mère était tout enrhumée, toute souffrante lorsque nous l'avons quittée.

Cette maison était tout embrâsée lorsque les pompiers sont arrivés.

En quelques instants, toute hésitation avait cessé.

Nos amies sont tout heureuses du bonheur que nous cause cette nouvelle.

Louise était tout en larmes lorsque sa cousine est entrée.

Quel que soit le chef qu'on nous donne, nous lui obéirons aveuglément en toute circonstance.

La vertu est tout autrement douce que la gloire.

Quels qu'aient été les efforts des Juifs pour rentrer en possession de Jérusalem, ils n'ont jamais pu y parvenir.

L'Italie produit tous les arbres fruitiers des contrées tempérées de l'Europe, et quelques végétaux qui ne peuvent croître qu'à la faveur d'une haute température.

Auguste traita avec douceur tous les citoyens, à quelque parti qu'ils eussent appartenu.

EMPLOI DU SUBJONCTIF.

Je doute que tu obtiennes cet emploi.

Tu craignais que nous ne révélassions tes projets.

Il exigea que son neveu partît avant votre arrivée.

On voudra peut-être que vous payiez cette somme avant la fin du mois.

Nous souhaiterions que vous fussiez plus poli envers les domestiques.

Permettez que nous acceptions cette invitation.

Il faut que chacun remplisse fidèlement ses devoirs.

Il convenait que tu fusses moins exigeante envers tes amies.

Approuva-t-on que vous signassiez ce traité?

Croiront-elles que nous ayons fait toutes ces démarches?

Tu ne voudrais pas que ton départ occasionnât la moindre inquiétude à ta mère.

Ne dissimulez pas que nous ayons approuvé l'entreprise dont on parlait hier.

Il semble que vous ayez oublié qu'on doit rendre le bien pour le mal.

Il nous semblait que vous accepteriez ces conditions.

Il paraissait que l'affaire devenait plus sérieuse qu'on ne l'avait cru d'abord.

Il était sûr que les ennemis avaient passé la frontière.

Il est positif que cette dame a déshérité sa nièce.

Il paraît certain que votre emploi sera supprimé.

Il résultait de votre indiscrétion que ce négociant refusait de s'associer avec nous.

Il y a apparence que les choses ne se sont point passées comme on l'avait raconté.

Pilate condamna Jésus, bien qu'il reconnût son innocence.

Respectez vos parents, afin que vous soyez un jour respecté par vos enfants.

Les descendants de Noé construisirent une tour pour s'y réfugier en cas qu'un nouveau déluge inondât la terre.

Charles VII confia quelques troupes à Jeanne d'Arc, pour qu'elle tentât de délivrer Orléans.

Les principaux chevaliers de l'ordre des Templiers périrent dans les supplices, sans que l'on pût prouver les crimes dont ils étaient accusés.

De peur qu'on ne l'empoisonnât, Charles VII refusa toute nourriture, et expira dans les accès d'une fièvre violente.

Quoique l'Océanie soit en grande partie située dans la zone torride, la température y est assez douce.

Quelles que soient les difficultés, j'espère les surmonter.

Ils partirent, quelles que fussent nos instances pour les retenir.

Quelque inquiétantes que soient ces nouvelles, mes amies resteront ici jusqu'à ce que le médecin me permette de voyager.

Ils ne feront pas cette démarche, à moins que tu ne les y obliges.

Vivez de manière que chacun vous estime.

Il a agi de manière que tout le monde a blâmé sa conduite.

Travaillez de façon que vos maîtres soient satisfaits.

Ils ont travaillé de façon que personne n'a pu se plaindre d'eux.

Vous écrirez vos devoirs de sorte qu'il ne soit pas nécessaire de les copier.

Elles avaient écrit leurs devoirs de sorte qu'il avait été inutile de les copier.

Le chien est le seul animal dont la fidélité soit à l'épreuve, le seul qui connaisse toujours son maître.

Il y a peu de maisons qui soient aussi agréables que la vôtre.

Clovis est le premier roi de France qui ait reçu le baptême.

Louis V est le dernier prince carlovingien qui ait gouverné la France.

L'Evangile est le plus beau présent que Dieu ait pu faire aux hommes.

C'était la meilleure leçon que vous pussiez lui donner.

Si je quitte Paris, je me retirerai dans une ville qui soit commerçante.

Il désire un emploi qu'il puisse céder à son fils dans quelques années.

Ne vous souvenez-vous pas que le sénat a prononcé la déchéance de Napoléon ?

Ne te rappelles-tu pas que je t'avais prédit ce qui arrive aujourd'hui.

Oubliez-vous que Dieu a promis de récompenser dans l'autre vie ceux qui auront supporté sans murmurer les peines de celle-ci.

On doute que vous terminassiez ces ouvrages si votre frère ne vous aidait.

Il n'est pas certain que vous arrivassiez avant le départ du courrier si vous vous arrêtiez au château.

J'ai rentré mes orangers ce soir, de crainte qu'il ne fasse froid cette nuit.

Vous m'avez rendu trop de services pour que je puisse douter de votre amitié.

Dieu nous a donné la raison, afin que nous discernions le bien du mal.

Ils nous ont prêté ces livres il y a quinze jours, afin que nous les leur rendissions hier.

Je n'ai pas répondu à cette lettre avant que j'eusse la certitude que vous approuvez notre projet.

RÉCAPITULATION.

Law offrit au régent de payer toutes les dettes de l'Etat sans qu'il en coûtât rien à la France.

Quoique Thémistocle eût sauvé la Grèce, il fut obligé de s'exiler.

L'empereur Auguste ordonna que l'on fît le dénombrement de tous les habitants de l'empire romain.

Charles X est le dernier roi qui ait été sacré à Reims.

Il choisira une retraite où il puisse vivre selon ses goûts.

Il serait heureux que tous les pères de famille suivissent un pareil exemple.

Est-il vrai qu'on vous ait refusé cette satisfaction ?

Il y a peu de personnes qui sachent ce qui s'est passé dans cette réunion.

Il faut des châtiments dont l'univers frémisse.

Oubliez-vous qu'on doit secourir ceux qui souffrent ?

Charlemagne est un des plus grands rois qui aient régné sur la France.

Il paraît que nous nous sommes trompés.

La jeunesse est le seul moment dans la vie où l'on puisse se corriger facilement.

On ne croyait pas que ce changement pût nuire à vos intérêts.

Après la bataille de Cannes, Mahérbal voulait qu'Annibal marchât sur Rome.

Je doute qu'un homme de bien consentît jamais à une bassesse quand même on lui offrirait les plus grands avantages.

Il semblerait que vous eusssiez renoncé à vos projets.

Caligula exigeait que les Romains lui rendissent les honneurs divins.

Il est rare qu'un malheureux ait des amis.

L'honnête homme ne dit jamais rien qui puisse nuire à la réputation de personne.

Il semblait à vos amis que vous aviez abandonné leur parti.

Serait-il positif qu'on eût acquis la preuve de ce crime ?

Nos soldats ont combattu de manière que l'armée ennemie s'est décidée à la retraite.

Alexandre mourut à l'âge de trente-trois ans, au milieu des plus vastes desseins qu'un homme eût jamais conçus.

On entourera la maison de façon que personne n'en sorte avant que la perquisition soit terminée.

Ne sais-tu pas que les Antilles furent les premières terres découvertes par Christophe-Colomb ?

APPOSITION.

St-Pétersbourg, capitale de la Russie, fut bâtie au commencement du XVIIIe siècle.

Gustave-Adolphe, roi de Suède, mourut à Lutzen.

Sully, ministre de Henri IV, fut insulté par les courtisans de Louis XIII.

Stanislas, roi de Pologne, père de Marie Leckzinska, reine de France, fut le dernier duc de Lorraine.

Le Brésil, ancienne colonie portugaise, forme un état indépendant dont le chef prend le titre d'empereur.

Mathan, ce prêtre sacrilége, plus méchant qu'Athalie, à toute heure l'assiége.

Des larmes coulèrent malgré moi de mes paupières, lorsque tous mes compagnons, ôtant leurs chapeaux goudronnés, vinrent à entonner, d'une voix rauque, leur simple cantique à Notre-Dame de Bon-Secours, patronne des mariniers.

Le feu était au Kremlin; mais Napoléon, maître enfin de ce palais des czars, s'opiniâtrait à ne pas céder cette conquête, même à l'incendie.

NOMS EN APOSTROPHE.

Je crains Dieu, cher Abner, et n'ai point d'autre crainte.

Je te plains de tomber entre ses mains redoutables,
Ma fille....

Une mère bénit son fils en l'embrassant :
Mon fils, qu'un baiser te bénisse !

Mes sœurs, l'onde est plus fraîche aux premiers feux du jour.
Venez, le moissonneur repose en son séjour :
La rive est solitaire encore.

Mon Dieu ! vous qui prenez le fils, restez avec la mère.

Ma mère, tu m'as dit, quand j'ai fui ta demeure,
Pars, grandis et prospère, et reviens près de moi.

PROPOSITIONS EXPLÉTIVES.

Une proposition est* EXPLÉTIVE *lorsque la même idée est exprimée plusieurs fois par des termes différents ou par la répétition du même terme.

Moi, qui suis de la famille, je n'ai rien dit.

Nous, qui avions parlé avec si peu d'indulgence, nous nous trouvions fort embarrassées.

Moi, je suis pauvre et je vous tends la main.

Vous et lui, vous saviez toutes mes peines.

Que me fait, à moi, cette Troie où je cours?

PROPOSITIONS IMPLICITES.

Une proposition est* IMPLICITE *quand elle est exprimée par un seul mot qui comprend collectivement toutes les parties d'une proposition sans en être lui-même aucun terme.

Chut! on nous écoute.
Aïe! aïe! Qu'avez-vous fait?
Holà! personne ne m'entend?
Ouf! je me sens déjà pris de compassion.
Hélas! Dieu m'afflige.
Paix! ton père vient.
Bah! bah! je me charge de cette affaire.
Gare! la cavalerie va passer.

RÉCAPITULATION.

La canne à sucre, le cafier, le baobab, le palmier, le dattier, le poivrier, l'indigotier, le muscadier et l'aloès croissent en Afrique.

Femmes, moines, vieillards, tout était descendu.

On trouve dans la zone torride, les animaux les plus grands, les plus beaux végétaux, les minéraux les plus précieux, les insectes aux plus vives couleurs.

Le sol de l'Amérique renferme de riches mines d'or, d'argent, de fer, d'étain, de cuivre.

La Perse est la patrie de la figue, de l'abricot, de la pêche, de l'amande, de la pistache et de la prune.

Il était douteux, inquiet.

Il nous parla avec une égale facilité sur l'histoire, sur la littérature, sur la philosophie, sur les sciences naturelles.

L'or et l'argent sont prodigués pour l'ornement de ce temple.

Les personnes les mieux disposées en votre faveur, et les amis les plus dévoués de votre nombreuse et estimable famille soutiendront votre innocence.

La crainte ou l'espérance l'agitait.

Et le riche, et le pauvre, et le faible, et le fort,
Vont tous également des douleurs à la mort.

L'étude rend savant, la réflexion rend sage.

Tu grandis sans plaisir, tu tombas sans murmure.

Au pied de l'échafaud, sans changer de visage,
Elle avançait à pas lents.

A quatre lieues de Blois, à une lieue de la Loire, dans une petite vallée fort basse, entre des marais fangeux et un bois de grands chênes, loin de toutes les routes, on rencontre tout à coup un château royal, ou plutôt magique.

Tout heureuse qu'était ma sœur, je n'enviais pas son sort.

En inondant son visage,
Mes pleurs du sentiment lui rendirent l'usage.

Va, mon enfant, où Dieu t'envoie.

Ney, un maréchal de France, fut fusillé.

Catherine, impératrice de Russie, était la fille d'un pauvre paysan.

Marie-Antoinette, femme de Louis XVI, périt sur l'échafaud.

Elle ne regrettait que sa mère, seul objet de son affection.

La colonie du Cap, qui fut fondée par les Hollandais, leur fut enlevée par les Anglais.

Le temps, qui change toutes choses, change aussi nos humeurs.

La patience, qui finit par vaincre les caractères les plus difficiles, me soutint longtemps.

Je ne crains point vos maîtres, quelque puissants qu'ils soient.

Pénélope, ne voyant pas revenir Ulysse, craignait de ne pouvoir résister à ses prétendants.

Voltaire et Rousseau sont toujours admirables lorsque, dominés par un ascendant irrésistible, ils rendent hommage à ce culte qu'ils n'ont que trop souvent outragé.

Richelieu, comme Louis XI, abaissa la puissance des seigneurs.

Le style de Bossuet, toujours noble et rapide, étonne et entraîne.

La Nigritie, appelée aussi Soudan, renferme beaucoup d'états indépendants.

J'espère, dit-elle, ne pas longtemps vous survivre.

Nous sommes heureux, ajouta-t-il, de connaître notre mystérieux bienfaiteur.

La bonté fait des amis; la malignité, des ennemis.

Blanche était pieuse; Louis, plus pieux encore.

Vous craignez les voleurs; votre frère, les ténèbres.

Ni ma mère, ni ma sœur, ni moi, nous n'avons tort en cette circonstance.

Moi, je ne m'inquiète de rien.

On ne pense pas à lui, à lui qui est absent depuis plusieurs années.

Les Francs s'établirent alors dans les Gaules; les Visigoths s'emparèrent de l'Espagne; les Vandales occupèrent tout le nord de l'Afrique; les empereurs voyaient chaque jour diminuer leur puissance.

Turenne parle, chacun écoute ses oracles; il commande, chacun suit avec joie ses ordres; il marche, chacun croit courir à la victoire.

On distingue différentes sortes de style : le style simple, où l'on ne voit ni expressions, ni pensées remarquables; le style facile, qui ne sent point le travail; le style naturel, qui n'est ni recherché, ni forcé; le style rapide, qui attache et qui entraîne.

La monarchie est élective, quand le souverain est

choisi par la majorité du peuple et des grands; héréditaire, quand le monarque est pris de droit dans une même famille; absolue, quand le chef a un pouvoir illimité; constitutionnelle, quand l'autorité du monarque est tempérée par une charte ou constitution.

La religion mahométane domine dans la Turquie d'Asie; cependant on y trouve beaucoup de chrétiens et de juifs.

Le titre de conquérant n'est écrit que sur le marbre; mais celui de père du peuple est gravé dans les cœurs.

Il faut autant qu'on le peut obliger tout le monde :
On a souvent besoin d'un plus petit que soi.

Il ne faut jamais se moquer des misérables :
Car qui peut s'assurer d'être toujours heureux.

La gloire de notre nation ne craint aucune comparaison avec celle de Rome : nous pouvons fièrement opposer notre Clovis à son Romulus, Charles-Martel à Camille, Charlemagne à César.

La Gaule était divisée en trois parties : au nord, la Belgique; au centre, la Celtique, au midi, l'Aquitaine.

L'ambition, l'amour et la gloire : voilà les principaux mobiles des actions des hommes.

Voici des qualités rarement réunies : la beauté, le savoir, la modestie.

Les plus grands philosophes de la Grèce sont : Socrate, Platon, Aristote.

Le Poussin, Mignard, Vernet, David : voilà les meilleurs peintres français.

On demande quatre choses à une femme : que la vertu habite dans son cœur; que la modestie brille sur son front; que la douceur découle de ses lèvres, et que le travail occupe ses mains.

Henri II, prince faible, ami des plaisirs, des arts et de la gloire, hérita de la couronne, des défauts et des qualités de François Ier, son père. La cour fut bientôt divisée par les intérêts divers de ceux qui approchaient le monarque. Le connétable de Montmorency avait sa confiance et dirigeait ses conseils. Le cardinal de Lorraine et le duc de Guise, son frère, élevés récemment à la pairie, usaient d'adresse et de génie pour se faire des partisaus. La reine

Catherine de Médicis, italienne, élevée dans l'intrigue et la dissimulation, ménageait ces ambitieux et les divisait pour les dominer plus sûrement. Le roi, asservi aux caprices de Diane de Poitiers, duchesse de Valentinois, se livrait aux plaisirs, dédaignait les affaires, et, sans s'en inquiéter, laissait se former dans l'ombre, ces factions qui devaient déchirer l'Etat sous les règnes suivants.

Les États-Unis, dont une grande partie fut soumise aux Anglais jusqu'en 1776, forment une république fédérative, composée de plusieurs républiques distinctes, ayant chacune leur administration particulière.

L'Amérique, s'étendant presque depuis le pôle arctique jusqu'au cercle polaire du sud, offre la réunion de tous les climats : près de l'équateur, la chaleur est excessive dans les plaines, tandis que les contrées qui sont situées aux extrémités du nord et du sud, éprouvent des froids rigoureux. Sous l'équateur même, les flancs des hautes montagnes jouissent d'un climat tempéré, tandis que leurs sommets sont couverts de neiges éternelles.

Et quel temps fut jamais si fertile en miracles ?
Quand Dieu par plus d'effets montra-t-il son pouvoir ?
Auras-tu donc toujours des yeux pour ne point voir,
Peuple ingrat ?

Que vois-je ! quel discours ! ma fille, vous pleurez,
Et baissez devant moi vos yeux mal assurés,
Quel trouble ! mais tout pleure, et la fille et la mère
Ah ! malheureux Arcas, tu m'as trahi !

Je devrais sur l'autel où ta main sacrifie,
Te..... Mais du prix qu'on m'offre il faut me contenter.

Un songe (me devrais-je inquiéter d'un songe !)
Entretient dans mon cœur un chagrin qui le ronge.

FIN.

www.ingramcontent.com/pod-product-compliance
Ingram Content Group UK Ltd.
Pitfield, Milton Keynes, MK11 3LW, UK
UKHW020234220726
13923UKWH00002B/651

9 782019 269883